U0933159

不懂带团队，你就自己累

杨航 / 编著

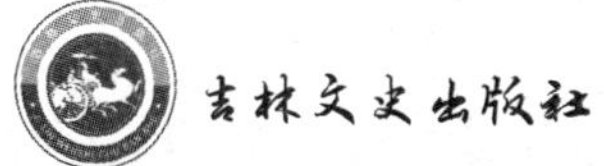

图书在版编目（CIP）数据

不懂带团队，你就自己累 / 杨航编著 . -- 长春 : 吉林文史出版社，2018.11

ISBN 978-7-5472-5666-4

Ⅰ . ① 不… Ⅱ . ① 杨… Ⅲ . ① 企业管理 - 组织管理学 Ⅳ . ① F272.9

中国版本图书馆 CIP 数据核字 (2018) 第 258134 号

不懂带团队，你就自己累
BUDONGDAITUANDUI，NIJIUZIJILEI

编　　著　杨　航
责任编辑　张雅婷
封面设计　末末美书
出版发行　吉林文史出版社有限责任公司
地　　址　长春市福祉大路出版集团 A 座
电　　话　0431-81629353
网　　址　www.jlws.com.cn
印　　刷　天津一宸印刷有限公司
开　　本　880 毫米 × 1230 毫米　1/32 开
印　　张　8
字　　数　147 千
版　　次　2018 年 11 月第 1 版　　2018 年 11 月第 1 次印刷
定　　价　36.80 元
书　　号　ISBN 978-7-5472-5666-4

序言

身担领导之责，没有谁不希望自己的团队蒸蒸日上，越发茁壮，大家心往一处用，劲儿往一处使，玩儿了命似的为团队做贡献。然而实际情况是，很多管理者忙忙碌碌，身心俱疲，结果却是团队人心各异，一盘散沙，说不出的萎靡景象，于是抓头苦叹“管理之难，难于上青天”。

事实上，造成这种败局的根本原因是管理者不懂得怎样带团队。他们以为，只要自己时刻掌控员工的一切，时时跟踪，事事严管，实时控制，就能确保大家不会犯错，并认为这就是管理者的日常。殊不知，正是这种机械式的管理，一步步堆积起了团队的层层危机。

那么，如何才能成功带团队，既确保团队高能高效，又让自己不那么劳累呢？如何才能保证团队执行力，而不必时时监控、事事督促呢？当团队遭遇危机时，如何才能确保员工忠心不二，矢志不渝，竭尽全力拯救团队于水火之中呢？这是每一名管理者都必须要考量的问题，因为唯有如此，才能把团队真正地带起来，带向伟大，带向辉煌。

其实，管理的真谛在于“理”，而不在于管。管理最有效的方法，就是建立科学合理、合乎人性的规则，让每一名团队成员自觉依照规则，自行约束，自主做事，自我管理。这就要求管理者必须能够统筹全局，要善于沟通，善于协调，善于激励。当然，管理者更要善于用人和用权，将个人利益与团队整体利益有效统一起来，将“责任、权利、利益”的平台搭建好，唯有如此，员工们才会有心气儿，有干劲儿，才能“八仙过海，各显神通”。否则，以任何简单粗暴、机械式的手段实施管理，都可能导致事情发展到管理者不愿看到的局面，并深深伤害到团队，伤害到管理者本人。

本书以人的心理发生发展规律为切入点，指导管理者从人的需求、动机、愿望和意志等方面培养顺应人心、积极引导的管理理念和管理方法，告诫管理者应理解员工、关心员工、尊重员工、帮助员工，切忌使用简单粗暴的惩罚、围堵方式。

倘若管理者能够以此为戒，以此为镜，就一定能够得到员工的真心回馈，提高团队的凝聚力和战斗力，最终带领大家完成整个团队的目标，真正实现团队利益和个人利益的双赢。

Content 目录

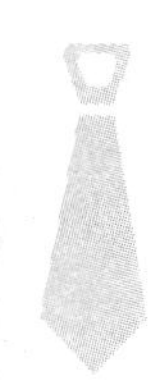

第一章 001

带团队，关键就是带人心

第二章 031

先管好自己，才有底气管别人

第三章 059

知道什么人可用，更要知道怎么用

第四章 087

把沟通做好，才能把团队氛围调节好

Chapter 1 第一章

带团队，关键就是带人心

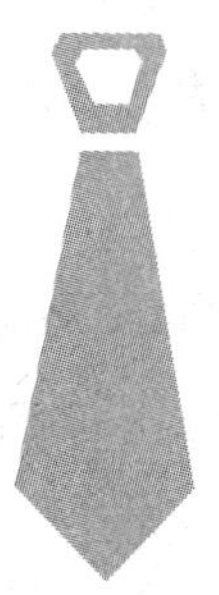

管理的本质就是管人，而管人管的是什么呢？实际上，管人就是管人心。我们说某个团队乱，实际上乱的是人心。只要人心稳固，同心同德，这个团队就会很好。

第一节　想要得人心，先把“人”放心上

自古以来，“得人心者得天下”，如果想让马儿跑得快，就要将草料喂足，也要给它适当的休息。有些企业给员工的感觉是员工时刻都在被压迫、压榨中生存，员工如何会真心付出呢？一个好的团队，人心齐很重要，因为集思广益后才能碰撞出耀眼的火花。

当然，想要得到员工的心，管理者就要把员工放在心上。人心都是相对的，以真换真；感情都是相互的，用心暖心。管理者事事将员工放在第一位，久而久之，就会成为一种企业文化，吸纳更多的人才前来为企业服务。

刘傥是一个服装企业的销售部经理，他自毕业就在这家企业中工作，如今已有十个年头了。几乎在每年的年会上，他的部门都会因业绩突出而得到公司的奖励。今年也是如此。

会议结束后，刘傥拿着奖金回到部门，他照例将其中的一大部分拿出来，作为奖励下属员工的资金。虽然平均下来，每个员工得到的奖金不多，但员工们拿到奖金后心里都很高兴。

对此，其他部门的经理很费解。他们问刘傥：“老板是给

你发的奖金，你却每年都要分给手下人，还一分就是一大半，落你手里的还有多少！有这必要吗？”

刘傥笑笑说：“当然有必要，虽然奖金少了，但用这点儿奖金换来手下人的忠诚难道不值得吗？也正因为如此，每年年会的奖金才会被我拿下呀！”

刘傥的做法是很值得借鉴的。身为一个小团队的领导者，要明白一个道理，你所获得的所有成绩都要依靠团队的鼎力合作，如果只把自己放于领导人的地位，对下属呼来喝去，认为他们是打工者，做所有的事都是应该的，那么必然会与下属产生隔阂。如此一来，下属怎么会再为了团队而努力呢？

放眼观古看今，无论历朝历代，还是现在成功的上市企业，都离不开两个字——人心。唐太宗施仁政，开科举，减赋税，轻刑罚，开创了贞观之治的繁盛王朝，自此唐朝开始逐渐被世界所知。小观企业也是如此，如果企业有一个好的氛围，员工做出贡献时，企业管理者给予一定的奖励，久而久之就会形成心理学所说的皮格玛利翁效应，员工会朝着自己希望的方向发展，企业自然也会向好的方向发展。

韩信平定了齐国，向刘邦请命，要求自封齐王。

刘邦当时正被项羽围困在荥阳城，接到请求后，刘邦大怒。张良进言劝说刘邦，刘邦才答应册封韩信为齐王。

韩信被册封后，心中对刘邦大为感激，而且做事也更尽心尽力，以自己的军事才能为汉王朝建立立下了汗马功劳。

还好刘邦有张良的劝说，得到韩信这样的良将的“心”，收拢人心，才可以坐拥天下。其实，天下最难测的是“人心”，最难收服的也是人心。想要收服人心，必须要将心比心。

东汉末年，曹操死后，曹丕篡汉称魏。战火纷飞，君主得良相辅佐便可称王称帝。

蜀中刘备立足不久，很多人纷纷劝他称帝，兴复汉室。只是刘备觉得很不妥，坚持不肯答应。

于是诸葛亮上前进谏：“将士们跟着您出生入死，不辞艰辛，为的不就是能够建功立业，将来有尺寸之地可得封吗？”

刘备还在犹豫。

诸葛亮又说：“天下英雄都对您寄予了希望，盼您登上帝位。如果您执意不肯的话，这些英雄自然会再去选明主，谁还会愿意追随你。”

于是，刘备点点头，欣然称帝。

诸葛亮又说：“既已经称帝，那天下就可以封赏了，将土地分给有功之臣，那他们必然会对你心存感激，会更加忠心地为你效力。”

刘备听了诸葛亮的话后，分封土地，奖励功臣，得到了很多人的拥护。

团队管理者要想带好一个团队，必须要明白一件事，团队之间要有合作精神。不能总想着自己出头，将团队员工当作炮灰；更不能只为自己利益，不敢放手用人，生怕有人抢走自己的位子。试想将士们为刘备卖命，却得不到尺寸之地的封赏，怎么会与他同心同德呢？团队管理者不应该怕下属出色，而应该怕带着一帮“庸才”。

什么是“庸才”？就是“当一天和尚撞一天钟”的人。作为领导者，谁不想下属为了企业着想，为企业卖命呢？但如果你不得人心，谁又能为你卖命呢？如果想要员工用心工作，就要与他们将心比心，以心换心。

麦当劳这个世界闻名的快餐企业，在对待员工上也值得很多企业学习。

例如，日本的麦当劳，他们每年在职工身上花费有上千万日元。

他们会给员工在东京建立卫生医院和警察医院的保留病床基金。如果员工或者员工家属生病，能够立刻进入指定医院就医。

不过，近几年，麦当劳根本没有因病住院的员工，于是很多人都说那上千万日元是白花的。但是，试想一下，这上千万日元给员工带来的是什么？是温暖，是被重视的感觉。因此，员工才会更加爱自己的企业，更加团结一致，而且这样的措施，更是解决了员工的后顾之忧，让他们可以安心地为企业发展做贡献。因此，花费再多的钱，对麦当劳来说也是值得的。

一个企业如高塔，员工就是塔基，如果失去塔基的支持，塔再高也只能落个轰然倒塌的结果。要想收服人心，就要心中有他人，企业管理也是如此，员工为企业服务不就是为了养家糊口吗？如果将员工的利益放在心上，他们必然会尽心尽力地为企业做事，将企业的利益放在第一位。

第二节　所谓归属感，就是家庭式的温暖

在 20 世纪 80 年代，常常会见到工厂的墙上粉刷着一个词:“以厂为家”。这个词令很多工人心中一暖，从而为了工厂拼尽全力。虽然现在我们很少看到这样的标语词了，但每个人在毕业后选择就职公司时还是会将公司氛围与文化放在第一位，一支让员工暖心的家庭式团队，定会让员工倾心相待，为公司尽心尽力。

家族式企业虽然有些弊端，但家庭式团队氛围还是值得每个管理者借鉴的。家庭式团队中，领导人就好比家长，严宽相济，赏罚分明，而团队成员也好似兄弟姐妹相互扶持，这样的团队要想业绩、排名靠后都是很难的。

1964 年，费雷得·德卢加开了一家肯德基快餐店，生意很好，很快又开了几家连锁店。

一天晚上，忙完一天工作的他照常对店铺各处进行巡查，这是他每天下班后都要做的工作，无论是店面还是后厨，他都会亲自去看一看。

当他走进距总店不远的一间肯德基的餐厅后，发现这间餐厅的柜台十分凌乱，柜上的食品摆放得杂乱无章。德卢加火冒三丈：“这是你们干的活儿吗！”

“对不起，我们马上收拾。今天实在是太忙了。”正在收拾的员工说。

德卢加缓和了一下态度说：“这要在客人离开后迅速收拾掉，不然会影响其他客人进餐的心情。”

“是的，是的。”员工低头忙着回答，声音带着歉意。

“快干活儿吧！”德卢加拍拍员工的肩膀后说。然后，他将外衣脱下来，与员工一起收拾着。收拾完后，德卢加说：“下不为例，希望你好好干。”

“好，好。”员工心里早已经感动得不得了了，没想到老板竟然没有辞退他，反而与他一起收拾，他陷入感动中。

第二天，德卢加查看店中的营业额时，觉得特别神奇，他特别关注了昨天被他批评的那名员工。

那名员工所在的分店销售量远远地超出了近期销售记录，而且也比其他店高出了一大截。这时他才明白：之所以昨天晚上那家餐厅很乱，是因为那家餐厅顾客太多，但员工并没有增加，造成人手不足，于是便出了昨天那种状况。

德卢加回到家后，查了那个年轻人的销售资料，原来他是一个对工作极其认真，十分称职的员工，他并没有偷懒或者做对公司不利的事。想到这儿，德卢加马上从沙发上跳起来，出了门。

他来到那名员工所在的餐厅，发现那个员工仍在工作着，便走上前说：“对不起，我是来给您道歉的。我不了解情况就批评您，请您原谅。”

员工点点头，说：“没关系。”说完转头走了，德卢加感觉到，这位员工并没有真正地原谅他。

德卢加想：“不能这样，我不能让自己的员工带着情绪做事。如果不能处理好这件事，会影响到整家店的销售业绩。”

于是，德卢加沉下心来，对那个员工动之以情，晓之以理，特别是告诉了那个员工他内心是多么悲伤及内疚。

在德卢加一再的道歉下，员工终于说：“我的确心里很别扭，天天任劳任怨，为店忙碌，没想到忙完一天了还要平白无故地受了这么大的气。”员工的眼圈红了，继续说，“我辛苦地工作为的不就是让您表扬一下吗？但没想到我不但没有得到老板的表扬，还白白地被训了一顿……”

德卢加听出了员工内心的委屈，他十分诚恳地在众员工面前向那个员工道了歉。员工终于被他的行为感动了，他有些惭愧地说：“您骂过我之后，我的确心里很不满，我不知道该怎么样才能够发泄心里的愤懑。所以，就在您离开餐厅后，我悄悄地到储藏间拿了一加仑的食用油，倒入了排水沟当中……”

德卢加笑笑说：“好吧，希望你以后少倒点儿油，因为以后你再也不会受这种委屈了。”

在以后的管理当中，德卢加不仅学会了如何关心下属，并懂得了处处为下属着想，和下属的关系也越来越融洽，让他们更加积极地为自己的老板做事情。

几年后，德卢加的快餐店发展成世界上很有名气的肯德基连锁店，而费雷得·德卢加也成为世界著名的企业家。

德卢加之所以会成功，是因为他懂得管理者的艺术。一位成功的企业家从来都懂得怎样“笼络人心”，他们从不把员工当成给自己打工的人，而是将心比心地将员工当成家人。有委屈跟老板说，有困难跟老板讲，有问题老板帮你解决……面对这样的好老板，员工自然会以企业当家，为“家”兢兢业业地拼搏了。

拿破仑亲率法军进攻意大利，中途遇难，部队不小心感染了瘟疫，很多士兵悲惨地死去，军队减员严重。

不仅仅是因为瘟疫，这一路的长途跋涉也非常辛苦，所以军队不得不在路上多次停留。

这天晚上，队伍又觉得走不动了，于是就地休息。拿破仑依照往常惯例外出查哨，在走到一个较往外的哨岗时，他发现一个哨兵正在偷偷地睡觉。

拿破仑将哨兵的头舒服地放在椅子上，自己则背起了枪替睡觉的哨兵站岗放哨。

半个小时过去了，睡觉的士兵醒了过来，看到拿破仑吓了一大跳，愣在那儿了。拿破仑看到这个情景说：“没关系，你们放哨辛苦了。我也是举手之劳。”

人是有感情的，作为一名企业管理者，想要获得成功，最重要的就是学会如何了解员工的心理。我对你好，你便对我好；我对你不好，你也不会对我好。这是最简单的解释“好感”的方法，将员工当成家人，给员工以“家庭式”管理的感觉，便会让企业走进员工的心里。

联想电脑是我们较早见到的计算机品牌之一，这个企业很早就让员工们有了家庭的感觉。他们一直采用亲情化的管理方式，就连执行董事柳传志在外发表演讲的时候，都亲切地将自己的接班人说成“自己的儿子”。

我们反对家族企业，是因为它的局限性。而“家庭式”管理并不存在这些问题，将员工当成家人，这会使每个员工爱上自己的企业，甘心为企业付出。最重要的是，家庭式管理让员工们的工作效率大大提高，再也没有“撞钟”的思想，员工们会付出自己的热情，做起事来也是事半功倍。

曾经有一个这样的例子：小刘是一家企业的搬运工，他的工作就是接货，所以每天都会早早地完成工作。工作完成后他总是第一个下班，从来也不帮别人做些什么。

老板对此很好奇，小刘如此着急回家到底是因为什么呢？

他悄悄地跟着小刘回到家，发现小刘正在家门口叫卖，堆成山的大米摆在小刘的面前，小刘一点儿也没有推辞的意思：“快来瞧，快来看，大米免费送到家。”

老板瞧见小刘干得激情四射，小刘瞧见自己的父亲提不起一袋米，二话不说便自己扛着。老板深深地感到，自己的企业也需要这种“家庭式”的管理，如此才能让员工们团结一致。

每一位成功的企业管理者都会对员工的性格、特点、工作状况等了如指掌，哪怕叫不上名字，也要热情对待，这便是企业家得以立足商业圈不败之地的秘诀。“家”这个词本来就很温暖，给予员工“家庭式”的工作环境，员工自然便会以企业为“家”了！

第三节　微笑是你不知道的管理技巧

微笑是人与人之间相互了解的第一信号，在平日生活中，我们看到一个时常微笑的人会由心底生出一种亲切感。微笑就像是一块儿糖，任何看到它的人都会心中一甜。作为一个企业的管理者，如果脸上时刻保持微笑，并不会有失威严，反而会让员工心中更加信服。

RMI 是美国钢铁和国民蒸馏器公司的子公司，它坐落在俄亥俄州的奈尔斯。成立之后的一段时间内，RMI 公司的工作效率低，生产率和利润率总也上不去。

就在此时，大吉姆·丹尼尔出任公司总经理。他上任后非常重视员工，注重开发员工的潜力，因为他觉得员工的发展是振兴公司的根本。

大吉姆·丹尼尔在工厂里到处贴上了标语：

“如果你看到一个人没有笑容，请把你的笑容分给他。”

在这些标语下方他都亲自签上了自己的名字。

除此之外，大吉姆·丹尼尔还让公司设计人员制作了一个特殊的厂徽——一张笑脸。

他在公司的办公用品上、工厂大门、厂内板牌上等处都贴上了厂徽，甚至在员工的安全帽上也贴上了那张笑脸。与此同时，他明确要求各级领导对员工们时刻保持微笑。

所以，从那以后，在RMI公司，人人都会看到满面春风的大吉姆·丹尼尔向人们征询意见，喊着员工的名字打招呼。即便是在工会主席列席会议的正规时刻，大吉姆·丹尼尔也常常面带笑容。

三年后，RMI公司终于走出了困境，不但没有增加一分钱的投资，而且生产率惊人地提高了近8%。同时，公司也产生了巨大的经济效益，资产总值达数十亿美元。RMI公司终于在大吉姆·丹尼尔的“笑脸”的带领下迎来了春天。

多年后，RMI公司的厂徽仍被人们津津乐道，他们称那笑脸为“大吉姆”式的笑脸。《华尔街日报》也对RMI公司做了评价，称这个公司是“纯威士忌酒——柔情的口号、感情的交流和充满微笑的混合物”。

这就是微笑的力量。与人相处中，“上人见喜”的人是很受欢迎的，他会给人以亲切、和蔼、随和等印象。如果作为一个管理者，能时刻带着微笑，会给人有亲和力的感觉，一定会受到下属的欢迎。

一个企业中有很多小团队，比较之后会发现，那些有亲和力的团队管理者，他们所领导的团队会更加团结，力量也会更大。但是有些管理者，在成功升职后，微笑也就渐渐消失了，总觉得对下属微笑会纵容他们不认真工作，也会看轻自己，以后自己说话便没了威力。其实，这一切大可不必担心，一个会微笑的上级会更受欢迎，人们也会更加信服。

有这样一幅画：两张人的嘴，其中一张嘴嘴角下撇，像个倒扣的勺子，结果从上面掉下的金银珠宝都顺着“勺底”滑到了地上；而另一张嘴却是嘴角上翘，笑眯眯的样子，整个嘴巴就像一个正放的勺子，结果从上面掉下的金银珠宝一个不漏地落进了嘴里。

你看到这幅画后一定会想，这幅画的主题就是告诉人们少悲伤多微笑，少严肃多随和。当然，你这样说也没有错，但是这幅画的主人说得似乎更深刻一些。它被挂在日本一家著名公司总经理的办公室里，这家公司对这幅画的解释是：微笑是财富的源泉，可以直接决定一个企业的生死存亡。

虽然微笑不是管理企业的有效方法，也不是可以拿来借鉴的成熟制度，但它可以称为一种技巧。微笑是人们主动示好时用到的第一招儿，看到微笑的人会觉得对方安全，可以接触，而且心情也会变得愉快。将微笑送给员工时，员工自然也会觉得很温暖，会在心中给管理者一个很高的评分，这样管理者再下达什么指令时，员工会更加积极。

英国诗人雪莱说："微笑是仁爱的象征，快乐的源泉，亲近别人的媒介。有了笑，人类的感情就沟通了。"在一个企业中，微笑是抓住员工心理的管理技巧。试想一下，如果管理者对着你微笑时，你会有什么样的感觉呢？你一定会觉得你们之间的距离更近，而且你心中也会有受到重视与鼓励的情愫产生。

团队在企业竞争中取胜的关键就是团结，微笑便是团结最好的黏合剂。它可以驱散上下级之间最容易产生的隔阂，也会消除员工对管理者的拘束感而产生的逆反，同时还会成为员工之间互相合作、互相支持的催化剂……总而言之，用微笑聚成的团队更团结，更有力量，也更所向披靡，更容易完成企业下达的各项任务，成为一支高效、有力的团队。

更加确切地说，微笑是更容易操作的管理技巧，比起奖金、升职等奖励措施，微笑是最容易做到的。因为它不需要任何人力、物力、财力的投入，需要的只是管理者轻轻地运动面部肌肉而已。

当然，微笑不是对着人假笑、滥笑或者皮笑肉不笑、笑里藏刀，更不是没有原则的打哈哈。有些管理者的确很会"和稀泥"，他们或不思进取，或只为自己的利益考虑，所以团队的所有事情在他看来就是开玩笑、闹着玩儿，所以他们时常会带着笑，但他们那种笑只能给员工留下毫无内涵，虚伪又做作的印象。谁又会给一个这样的人卖命工作呢？谁又愿意待在这样的团队中呢？

所以，既然想要让自己成为优秀的管理者，就要以真诚的微笑对待员工，用发自心底的亲切感动员工，同时把自己真诚乐观的情绪传染给身边的每一位员工。这样，团队中的每个人都会面带微笑，时刻有一个愉快的心情，自然就会各显神通，为公司谋利了。

想要让自己拥有这样“迷人”的微笑，就要从此刻开始“修炼”。例如，随时对自己的下属笑一笑，称赞一下；也可以对着镜子告诉自己：“今天天气真好，我很高兴。”“你打扮得很美，加油。”……用这种心理暗示的方法让自己脸上挂上微笑。

当然，还有一种方法也可借鉴，有句话说：“眯起眼睛，翘起嘴角”就是微笑，所以不妨试一下，你一定会有不一样的收获。

第四节　要平视，不要俯视你的员工

无论是一个企业，还是一间小型的办公室，只要是可以形成团队的地方，人与人之间最和谐的相处方式就是——平等。当然，这个平等并不是指职位的高低平等，而是指人格层面上的平等。

每个人的人格都是独立的，管理者不应该凭职位高低将团队人员分成三六九等。特别是对于公司中最低层的小职员来说，如果自己的人格被践踏，或者管理者总是以一个优越者的身份来俯视他们，他们就会产生一种被压迫感。长此以往来，这个团队就会成为一盘散沙，管理者努力创造成绩，而员工却总不尽人意。

这是一家大型企业，总经理李桥很年轻。这家公司的董事长是他的父亲，当年他的父亲白手起家，赶上了一个好机会，迅速积攒了一些财富，创办了这家公司。但是，李桥并不像他的父亲那样沉稳，他可能是年轻气盛，所以他在处理事情的时候总会急躁冲动。

李桥在工作上总是急于求成，没有做好万全的准备时他就开始行动，所以事情常常被弄得很糟。最后，被父亲贬到分公司做经理去了。

李桥到分公司上任后，因为不擅长喝酒和人际交往，结果被很多老职工认为这个新上任的经理很不近人情，是一个靠着父亲工作的“公子哥儿”。也正因为他给别人的这种印象，很多职员并不愿受他指挥，对他避之不及。所以到了分公司的最初一段时间，工作一直都没能开展起来。

半年后就是春节，分公司举行年会，按照惯例每个人都要即兴表演一个小节目。轮到李桥的时候，他唱了一段家乡小曲，那种亲切自然的乡音让很多人对他另眼相看了，那一刻他赢得了下属们的热烈掌声。

春节过后，李桥发现以前一见面就掉头闪人的下属，和他关系突然好了很多。甚至一位心直口快的职员还对李桥说：“我们以前总觉得你是高高在上的公子哥儿，你一唱小曲我们才发现，你原来也是一个好接触的人。”

李桥对这句话考虑了很久，再加上那天小曲之后的情形，他认真地总结，在吸取了教训的同时也找到了工作方法。他不仅常常与职员在一个餐厅吃饭，还组织了一个业余家乡戏团，很多职员都报名参加了。

从那以后，职员们变得很喜欢和他接触，而且还很喜欢跟他闲谈。他本人也从一个令人反感的“公子哥儿”变成了一个和蔼可亲的领导者。

那个季度，他们公司的业绩突飞猛进，整个公司的职员与领导上上下下都很团结，不管出现什么很难解决的事情，只要他出面，就能够很快地解决。

几年后，父亲看到了李桥的成绩，将他调回了总公司，还将董事长的职位交给了他，而且没有一个董事反对这项决定。

管理者与员工都是公司的一部分，只是因为分工不同而担任不同的角色，所以从人格上来说，人人都是平等的。但很多管理者因为自己角色的特殊性，总喜欢在员工面前摆架子，所以即使这位管理者再优秀，也不会受到员工的爱戴，自然也不会形成一支出色的团队。

在一些企业当中，常常会听到这样的议论：“领导嘴大，我们嘴小”“胳膊拧不过大腿”“说你行，你就行，不行也行；

说不行，就不行，行也不行”……这些议论都是因为管理者对权力的混淆而造成的。一位优秀的企业管理者是始终将员工和自己摆在同一角度思考的人。

生活中，我们很多时候都会遇到“阎王好对付，小鬼难缠”的情况，往往那些大有成就的管理者更会与人亲切交谈，与同事相互之间始终保持人格上的平等；而那些小头目，一当上“官”简直就想飞到天上去，对职工吆五喝六，表现出“我是你的领导，你就得听我的”的架势。

拿破仑创造了法兰西第一帝国，他的故事广为流传，历史上对他的评价也是褒贬不一。

某天，拿破仑对他的秘书说：“布里昂，你要和我一样永垂不朽了。”

布里昂没听明白，问：“为什么？为什么是与你？”

“因为你是我的秘书。”拿破仑头也没抬说。

“那你的意思是我沾了你的光了？”布里昂问。

拿破仑笑笑说：“难道不是吗？”

“当然不是！”布里昂是一个自尊心极强的人，他觉得拿破仑的话是在打击自己的自尊心。他严肃地说：“你知道亚历山大的秘书是谁吗？”

拿破仑没能回答得出来。

拿破仑将自己高高地捧起来，所以认为秘书布里昂如果出名的话，一定是因为自己伟大，而并非布里昂真的出色。这句话伤害了自尊心很强的布里昂，所以布里昂才会以“亚历山大的秘书”来反驳，亚历山大如此伟大，但人们却不知道他的秘书是谁，可见如果布里昂永垂不朽的话，那肯定不是因为拿破仑有多大的功绩，而是因为自己的努力。

其实，在很多企业中，团队的领导者常常会犯与拿破仑相同的错误。上级对团队赏识时，他们会把功绩都放在自己身上，而且对团队成员摆出一副了不起的样子，令团队成员有一种“为他人做嫁衣”的感觉。

“因为我是你的领导，所以功绩是我的，你们也得听我的。”这种思想会把一个本来和谐共存的团队打垮。团队的成员会因为有这样的领导者而变得很消极，同时也会因为人格不被领导尊重而疏远领导，那以团结为力量的团队怎么还能顺利地进行下去呢？严重的话整个企业也会受到损失。

所以，如果管理者想要与员工和谐共处，一定要从心底里就想清楚一件事，自己的功绩是员工的团结合作捧出来的，自己与下属之间只是分工不同，在人格上一定是平等的。那么，放下架子，做出平易近人的态度，这就会使企业管理者在下属面前树立起一份亲和力，团队成员会更加心甘情愿地服从指挥。

如何才能成为一位可以“收买”人心的领导者呢？

首先，自己与员工一定要统一战线。纵观历史上任何一位成功者，都是以获得民心而取得伟大成就的。将自己的身段放下来，与员工一起同甘共苦是最容易获得人心的方法。员工的利益受到损害时，如果能与员工的思想保持一致，也必将“收买”更多人心。

其次，注意自己的生活习惯，不要总给人以高高在上的感觉。除了说话的内容外，还要通过语气、语调、动作、表情等方面体现出来。所以，不要忽视生活习惯，实际上，这些都直接关系到下属能否和你接近。

再次，切莫自抬身价。很多管理者之所以总在员工面前表现得昂首挺胸，是因为他们想将自己的权威表现出来，怕失去威严后自己的命令员工不执行，实际上这种担心大可不必。往往有这种表现的人心理上都受过挫折，或者自卑，或者自傲，让下属觉得自己高不可攀的最后结果是与员工之间产生了一道难以逾越的鸿沟。

最后，一定要学会尊重他人。人都是有自尊的，犯错后都会后悔。因此，下属如果犯错，聪明的管理者从来不会当众让其下不来台，而是委婉地或者单独指出错误，这样员工会感激领导的宽容，以后工作也会更加用心。

当然，深受几千年封建礼教的错误影响，很多领导者认为自己和下属之间一定要有差别，这便是一种“地位效应”。但是，要清楚一点，我们现在的社会中，人与人之间都是平等的，之所以会有领导和下属的区别，那只是因为工作的分工不同，没有人格上的高低贵贱之分。

那些认为地位越高的人越尊贵，地位低下的人就十分渺小的人，都不会成为成功的领导者。总之，要想成为一个真正有经验、有修养的领导，就要平易近人地和下属平等相处。

只有这样的企业领导才能赢得下属的真心拥护和爱戴，只有这样才能真正“收买”员工的心。

更简单点儿来说，做一位“亲民”的管理者，哪怕团队在工作中出现极大困难时，也会在团队的共同努力下克服种种艰难险阻。放下架子，将眼睛平视，你也会发现很多亮点，而一个成功的管理者不是自己有多卖力，而是更善于用人，得人心。

第五节　别只想下命令，应善于提建议

人在心理上有一个弱点，当听到别人带有严厉命令式的语气后，心理会产生超越命令本身的波澜。最简单的就是员工心中会产生逆反情绪，对命令执行不尽心，敷衍了事，这是任何一个管理者都不想看到的情况。

很多人做到管理者的位置后，会不自觉地将自己放在高位，以维护自己的“威严”，说话语气就会变得生硬，而下属接收到的信息就成了“命令”。试想一下，如果互换位置，谁会喜欢被人呼来喝去地指挥呢？真正懂得管理艺术的人，会将自己的身段放低，将命令变为建议，这样下属更容易接受，团队自然也就变得更加团结。

乔吉·可辛是成功学家安东尼·罗宾的公司的中层管理者，

他是众多管理者中最受欢迎的一位领导人。

乔吉·可辛从来不会盲目地表扬或者贬低自己的下属，当然他也不会总把“非常好”“很不错”等不疼不痒的话挂在嘴边。

如果下属做出了一些成绩时，他便将他们的工作业绩公之于众，及时地让大家知道谁做出了哪些成绩，并以他们的成功为目标，让受表扬的人能够得到极大的满足感，工作劲头也越来越足。

而且，他每次布置工作时，从来不会带有严肃命令的口气，他总是说:“这项工作我建议六组来完成，因为我觉得你们的执行力更强。”

哪怕在员工犯错的时候，他也决不会因为员工有着极重的社会地位和身份，就对他们的错误处处给予包庇，也不会处处用权力来压制他们，而是对对方晓之以理、动之以情，以柔和的管理方式和下属进行沟通。

如果一位管理者懂得管理的艺术和技巧，无论对上还是对下都是一件幸福的事。与下属能够以“商量”式、“建议”式的口吻说话，少一点儿权势压人，收获的将会是员工们的忠诚和尽心尽力地工作。

“你们说，我这么做是否合适？”

“这个方案很好，但我建议这个地方你可以修改下，效果会更好。”

“虽然每天工作都很辛苦，但我还是建议你提早出来几分钟，那么就可以早到几分钟了。”

“我将工作计划制订好了，大家可以提出宝贵的意见，然后我们再修改。”

“如果把这句话改成这个样子，可能会比较好一些。”

……

每个小员工都希望自己的领导者常常用这样的口气与自己说话，被硬压出来的员工只是学会了服从，而被建议出来的员工学会的是自己动脑，让团队更好。日本一位著名的管理学教授曾经说过：“如果不了解自己的管理对象，你就不可能发挥领导者的作用。”意思是领导者一定要站在下属的立场来考虑问题，一定要首先了解自己的下属在想什么，进而采取沟通、交流的方式去管理，决不能盲目地用权势去打压自己的下属。

公司团队中的工作因为分工不同而出现了领导者与职员，这并不是让领导者以领导自居而对职员呼来喝去的。在当今企业中，或许存在着上下属之分，权力上也有一些悬殊，但是也只是一种责任上的悬殊，上下级的人格尊严是平等的，没有哪个员工喜好管理者用命令的口吻吩咐自己做事，这会导致员工心情压抑，办事效率不高。

所以，作为一位企业的管理者、领导者，一定要学会与员工如何对话。特别是如今很多刚毕业的大学生，他们有才，但也很有个性，主权意识也很强。此时，领导者如果以指导的方式去管理，他们会对领导者心怀感激之情；如果他们做的某些事情不合理，领导者就可以就事论事，言传身教，只需要点到为止他们便会改正，而且会对你更加崇敬。

那些动不动就以权势压人，强行命令自己的员工应该怎么做、不该怎么做的管理者，只会影响到下属的感官，即使员工能够按照管理者的意志去做事，心里面也一定是千千万万个不服气，结果导致整个企业的员工离心离德。

多一点儿言传身教，少一点儿权势压人。不摆架子，多做样子；不指手画脚，多动手动脑；不干涉员工行为，多指点员工做法……只有这样的管理者，才会带出一支成熟、稳重、业绩突出的团队。最重要的是，这样的管理者会赢得更多的人心。威严不是自己竖立的，而是别人捧出来的。

第六节　把功劳分给众人，才叫会做人

企业中，做出成绩后才会被领导赏识，升职加薪的机会也会更多，这是一个不争的事实。但是，如果在一个团队中只想着自己的利益，就会像眼睛中进入的一粒沙子，早晚会被排挤出来。身为管理者更是如此，推功揽过，利益让给下属，你会发现员工对你会更加敬重，你们的团队凝聚力也会更强。

《三国演义》中刘关张桃园三结义的故事如今已经是家喻

户晓，他们三人一个头磕下去结为异姓兄弟，并发誓“有福同享，有难同当”，于是刘备得了两员大将，为自己出生入死。

人们之所以会誓死追随刘备，也是因为他很会推功揽过，他常常把功劳归给众人，甚至登基之后，他为那些为他出生入死的将领们分封土地，大力赏赐，使得整个蜀汉团结一致。也正因此，刘备不仅建立了政权，更是获得了一批忠心耿耿的将士。

谁不想立功请赏，但不能贪功，更不能抢功。特别是一个团队的带头人，如果员工取得了某些功绩之后，自己千万不要抢过来领奖，因为你不占功的话，领导也会知道员工的功劳有你的付出；如果你非得抢功，领导和员工都会看到你浅薄的一面。

小张就职于一家大型公司中，一天，项目总监让他和新入职的几位同事做一份策划书，因为事情紧急，所以要尽快完成。

小张他们加班加点地将策划书完成了，鉴于他们的直接领导并不是项目总监，所以依照惯例，策划书要先交到部门经理那里审核。

部门经理拿着小张他们的策划看了几眼，对小张他们劈头盖脸就是一顿批，并且将一些他认为没用的条款全都删了，这才让小张他们去交策划书。

小张挨了训斥，心里很难过，不过他还是开导自己可能策划书真的有问题，改了就行了，打起精神来还要工作。

几天后，小张接到了项目总监的电话，电话中项目总监十分恼火，他对小张说:“我看你以往的工作能力挺强，怎么连这么简单的一份策划书都做不好，有些重要的条款为什么不写进去，只写一些无关痛痒的内容有什么用？你知道那些条款没有是很难让客户通过审核的吗？你快过来，拿走继续改！”

小张放下电话备感委屈，因为那些重要的条款他本来做得很详细了，但部门经理却删掉了。他赶紧到项目总监那里拿策划书，一推门，他发现自己的部门经理就在那里，看到小张之后非但没有承认自己的过失，还跟着项目总监一起训诫小张。

小张和他的同事都气愤不已，但是身为下属，如果辩解的话，只会遭受更大的惩罚，只好心灰意冷地将策划案拿回去修改。

事后，部门经理却好像什么事都没发生一样，心安理得地让几个下属为自己背黑锅。他的下属们对他满心怨恨，从此员工和上级的关系就变得貌合神离。

身为一位企业管理者、领导人，业务能力不突出还是小事，重要的是一定要会带团队，因为团队会弥补你的不足，成就你的事业。像部门经理那样的人，不仅业务能力差，而且还不会带团队，最后也只能尝到被孤立的苦果。

上下级之间要互相帮衬，如果总想着邀功却不愿承认过错，那么只会形成上下级之间相互提防的关系。这样的话，工作还怎么顺利展开，这直接影响到部门的工作效率、业绩，最后受损的是企业，而身为管理者也会因此付出代价。

“背锅”本来是一件很憋屈的事，但领导要勇于为下属背锅，下属做事本意上都会尽心尽力，可也许因为某种原因而出现差错时，他们本就会心慌，这时如果你站起来，为他“背锅”，他会如受雪中之炭一般对你感激不尽，在以后的工作中也会加倍努力。

其实《西游记》中的唐僧就不是一个合格的团队领导人，徒弟们为他出生入死打死妖怪，他却总是口念佛经以示高贵，功劳全归自己，黑锅都留给徒弟们。如若不是观音从中约束，哪一个徒弟会为他再卖命呢?

刘飞就职于一家物流公司，他是二组的组长，与其他小组相比，他们小组的业绩一直很突出，人们都说是因为刘飞是一个能听得进下属意见的民主领导。

刘飞有一个习惯，他闲暇时常常与员工聊天，当员工有些好的看法或者建议的时候，他会说:“这看法不错，记录下来，过两天拿给我看。”

作为小职员，受到领导的赏识后一定会很高兴，于是便会踊跃地参与企业的各种发展计划，争相提出自己的意见。刘飞从这些意见中提取了很多可用信息。

季度末时，公司进行了一次业绩考核，二组的成绩很突出，公司高层将功劳都归在了刘飞身上，刘飞自然也拿到了一笔奖金，还与公司高层出国玩儿了几天。

但是回来后，刘飞发现，自己被员工完全隔绝了，他们不再喜欢找自己聊天，每天就是按计划干活儿，再也没有一些可以采纳的建议说给他听了。

刘飞对此很疑惑，他思考了一段时间后，对公司提出："可能是员工们对工作产生了倦怠情绪，还是换一批新人吧。"

就这样，二组进了一批新人，一些老员工也在公司人事部门的调整下分到了其他部门。刘飞看到新人很高兴，他说："很欢迎你们加入二组，我们一定要发挥二组传统的合作精神，希望大家能够同心协力，提升我们物流组的工作业绩。"

一开始，还有一两个新人提了一些建议，但时间长了，新人从老员工那里了解了刘飞之后，也都闭口不谈了。人们都说："刘飞这个人，取得的功劳都归功于自己一个人身上了，谁还愿意跟这样的人工作？"

久而久之，二组的业绩每况愈下，最后在一次公司发展会议后，二组被裁撤了，员工们被分到了其他部门，而组长刘飞被停了职。

企业的发展靠的是大家的力量，一个人的力量太渺小了，即使有三头六臂也难照顾周全，所以才需要团队的鼎力合作。作为企业的管理者，如果争抢下属立下的功劳，是一件绝对不能容忍的事。如果领导者揽功推过，就会让员工觉得自己只是帮助领导者建立功劳的工具，只会让员工更加寒心，对企业失掉信心。

用一句老百姓常说的话："人心都是肉长的"，身为管理者，对员工好，员工自然就会对领导好，会以加倍的努力来工作，回报企业。当有人寻问一位足球队长为什么他们总是在比赛中取得胜利时，这位足球队长说："如果有什么事情办糟了，那么一定是我做的事情了；如果一件事情做得差强人意，那么就是我们全体队员一起做的；如果一件事情我们做得很好，就一定是我们全体球员做的。这就是我们球员之所以能够取得比赛胜利的秘诀。"

人都是自私的，但如果你已经位于管理者的位置上，就要将胸襟变得宽广，不能为了一己之私而去抢员工的功劳，也不能因为一时小利而失去未来的大利益。作为管理者，在取得功绩后，要多去想员工背后的努力；在员工出现过错后，就多去想是否是自己引领的失职。这样的话，员工与领导之间就会形成一种互相帮衬的氛围，管理者也会赢得员工的真心相待。

Chapter 2 第二章

先管好自己，才有底气管别人

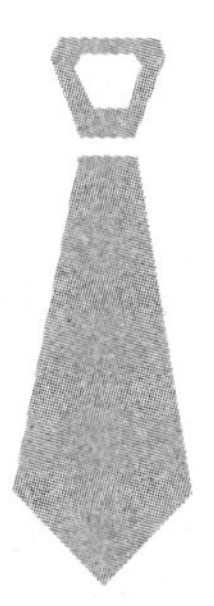

任何一个团队想要获得成功，其领导者都必须是自律的，他们是最严格的自我监督者，无论要求什么，都率先从我做起。这种精神会在团队内形成极大的感染力，让下属打心眼里服从，这样的领导，是让下属真正敬佩、热爱和信服的。

第一节　以身作则，员工都看着你呢

《论语》中有这样一句话："其身正，不令而行；其身不正，虽令不从。"意思是如果为人正直，以身作则，不用去下达命令，别人便会跟从；相反，如果自己不能严格要求自己，即使去要求别人，别人也会对你的命令产生质疑。作为一个企业的管理者，如果想带好一支团队，"以身作则"这个词很重要。

例如，如果你有一套完善的考勤制度，你就要第一个做这套制度的践行人。假如你每天不迟到、不早退，严格要求自己，员工自然会对你的行为心生敬意，也会严格执行你制定的制度。

李文毕业于一所一流名牌大学，毕业后他顺利进入了一家大型企业并担任市场营销一部主任一职。在别人看来顺风顺水的他，却在上班之后遭遇了挫折。

李文很聪明，但对自己的要求却不高。在学校时他上课喜欢迟到、早退等，是一个比较懒散的人，现在参加工作了，但是这种在学校养成的习惯是很难改正的，所以他也不知不觉地将这种习惯带进了工作中。

虽然上级领导对他有过一些提醒，但因为任职的是营销部，所以他找了各种理由来掩饰自己的随意。但令他想不到的是，久而久之，员工也跟着他晚到早退，他的团队的业绩开始下滑。在半年后的业绩整合中，他们组最后一名，而且与别人相差很多。

但是，李文并没有在自己身上找原因，他认为业绩问题的责任就在员工身上，肯定是员工的不努力工作才造成现在这种困境的。因此，在一次领导找他谈话后，他变得很急躁，从那以后他经常严厉地责备、批评员工们迟到早退，做事不力。

而员工们看着李文的疾言厉色心里一点儿也不服气，在私底下常常悄悄议论："你迟到的时候我们也没说你有问题呀？""听说他今天早退是因为要跟朋友去喝酒，这样的领导能带好咱们才怪。""他都做不好自己，还说我们呢？他有什么资格！"……

李文很聪明，自恃才高，他在学校时虽然懒散但也能把知识学好，那是因为要学习的人只有他自己。而带团队不一样，作为一个团队领导人，必须将自己放在"标杆"的位置上，你的一举一动都会被员工注意到。这就像是领头羊一样，如果你走偏了，那么员工自然也会跟着你走偏。

宋人范晔有曰："以身教者从，以言教者讼"，意思是以自己的行动教导别人，别人就会接受你的教化。家长说孩子不要玩儿手机，可自己还抱着手机在玩儿，孩子自然会对家长质疑："你不让我玩儿，为什么你要玩儿？"交警不让行人逆行、闯红灯，而自己却屡屡犯错，人们就会对交警产生质疑：“你凭什么可以这样做？”

所以，如果想要带好一支团队，不是站在台上发表演讲，指挥别人去干什么，往往行动的力量比说教更容易让人信服。特别是一些自己做不到的事，就不要让别人去做。《论语》有曰：“己所不欲，勿施于人。”千万不要说一套做一套，反而会失去威信。

傅雷说：“世界上最有力的论证莫如实际行动，最能效的教育莫如以身作则；自己做不到的事千万别要求别人；自己也要犯的毛病先批评自己，先改自己的。”而在我们的生活中，很多领导习惯用“嘴”去管，而非“身先”去做。如果这样的话，即使你懂得更多管理的理论，企业有再多的制度，也难以取得你想要达到的效果。

美国女企业家玛丽·凯大器晚成，在她的企业管理中，就非常重视经理的榜样作用。她时常对经理们说：“经理作为一个部门的负责人，其行为受到整个工作部门员工的关注。人们往往模仿经理的工作习惯和修养，甚至可以说是如法炮制，而不管其工作习惯和修养是好还是坏。”

一个真正优秀的管理者要在员工中起表率作用，用自己的行动感化员工，带动员工，这可以在潜移默化中达到说教无法达到的效果，即得到员工由衷的认可和尊敬。这样的团队中，员工的工作动力会更强大，管理者也会更轻松。

仅短短三年的时间，在某一大型电子企业就职的王皓就从一名默默无闻的科技研究部的部长，晋升为了公司的高级主管，工资翻了几倍。他有什么管理秘诀吗？对此，王皓给出的回答是：“哪有什么秘诀，无非是我善于以身作则罢了。”

齐云天大学毕业不久就进入了一家大型公司，而且人们看到他的职场之路有如神助，不到一年就已经成为部门经理，而且他所管理的团队几乎是零错误。

他不像很多领导那样，天天坐在办公室里打电话挥东指西，也没有抱着肩膀视察员工的工作进程。相反，他安排完任务后，就会亲自到流水线上直接参与产品的生产，争取把每一个工作细节都了解透彻。每当来了新员工不会做时，他都会上前手把手地教给他们，或在一边和他们一起干流水线上的工作。

人们看到自己的经理都在流水线上忙碌，自然工作也会更加卖力。一次，一位新来的工人出现了一点儿错误，导致产品出现大批量的质量问题，客户要求退货，如若有限时间内不能解决就解约，这样的话会给公司带来巨大的损失。

齐云天作为主要负责人，面对着重重压力，他没有一味地责怪那个犯错的员工，而是亲自带队，带领员工尽量努力修复出现问题的产品。每天下班，他并不拖延员工的下班时间，而是自己和一些组长来加班。

员工们看到这些很感动，一些员工也在下班后主动留下来要求无偿加班。通过几天的努力，终于将错误补救。那批产品最终在客户验货之前赶了出来，并且顺利通过了对方的质检。

其他部门的人不理解齐云天为什么这么受人拥戴，其实这就是以身作则的力量。齐云天的职场之路也因此有如神助，从经理，到部长，再到主管，再到高级主管，他在公司如鱼得水，发展飞快。

如果说职场上的齐云天是船，那拥戴他的员工就是推他前进的风浪。

自己做不到却以言论教导别人，别人不仅不听你的教导，反而会生出是非。管理者的行为本身就是一把尺子，而员工就是用这把尺子来衡量自己的。管理者处处为员工树立一个高标准的榜样，员工们才会做得更好。拥有了好作风的领导和员工，企业自然也会发展壮大。

教育学家陶行知说得好:“好学是传染的，一人好学，可以感染起许多人好学。就地位论，好学的教师最为重要。想有好学的学生，须有好学的先生。换句话说，要想学生好学，必须先生好学。唯有学而不厌的先生才能教出学而不厌的学生。”在企业中，员工就是“学生”，管理者则是“先生”。

“先生”的身先士卒，必然会给学生树立一个良好的榜样，而榜样的力量是无穷的，一定会比单纯的说服教育的效果更好。

第二节　身先士卒，做好团队的领头者

冲锋号响起时，我们会听到“冲啊”的呼喊声，但往往会出现两种情形，一种是指挥员向队伍大喊：“同志们，跟我来，冲啊！”；另一种是指挥员在队伍后面，对着几个小兵说：“你们几个，给我上！”于是，由指挥员带队的一方会个个热血沸腾，杀敌人个片甲不留；而那个指挥员缩头缩尾的队伍则畏畏缩缩，最终惨败。

情节很简单，却很典型，商场如战场，作为一个管理者，如果能将那句充满傲气的“给我上”变为以身作则的“跟我来”，团队一定会更加团结，员工们的工作热情也一定会更加高涨。特别是当员工遇到业务上的难点时，管理者心中一定要清楚的知道路线，不要总是依靠员工的想法，将他们推到最前沿，因为这时管理者的清醒更为重要。

午夜时分，森林里燃起了熊熊烈火，头斑羚沉着地掩护狼群撤退，但是前方的一道悬崖切断了它们的逃命之路。

这悬崖说宽不算宽，说窄不算窄，对于斑羚来说，只需要两次腾跃就可以顺利通过了。但是，两侧断崖中间并没有任何东西，也就意味着悬崖中间没有第二次腾跃的蹬足点。

森林里的大火肆无忌惮地蔓延着，头斑羚回头一看，这

火马上就要追上斑羚群了。在这种万分紧急的情况下，只见头斑羚与几头老斑羚聚在一起低语着什么，然后头斑羚向着斑羚群发出了命令似的号叫。

斑羚群接到了命令，自觉地分成了两队，一队身体强健，另一队是老弱病残。这时，头斑羚回望了一下斑羚群，与另一只年轻的斑羚同时跃起。只见，在它们同时下降的瞬间，头斑羚将自己的身躯垫在了另一只斑羚的脚下，后者借助这个蹬足点跃到了对岸，而头斑羚却坠下了山崖。

之后，这两支队伍的斑羚就这样结成队子，一对接一对，跃过了悬崖。在悬崖的另一边，只剩下了一半，年轻力壮的斑羚留了下来，他们望着悬崖下的山涧，发出了哀鸣。

当生命受到威胁时，头斑羚身先士卒，踏路探险，一肩扛起所有的责任，最后不惜牺牲自己保全了整个斑羚群。头斑羚作为斑羚群的领导，在面临危难时，它的那种大无畏的负责精神让整个斑羚群信服。一个上下一心，同仇敌忾的团队在商场上是无敌的。

在现实工作中，有些管理者特别喜欢以指挥者的形象出现，在与员工共事时，他们习惯用“你这样……”“你去做……”这样的句子；而当遇到问题时，他们就会更明显，要么退避三舍，要么“和稀泥”，把员工推出去当挡箭牌。这样的领导怎么会令员工信服呢？员工不仅会认为领导无能，而且还有可能和领导一样学会推三阻四，应付了事。这样一个不团结的团队，是无法在竞争如此激烈的社会中立足的。

管理者应有超乎一般的远见卓识，一位优秀的管理者的任务就是带领追随者们去选择一条路，选择一个正确的方向，而不是将追随者推出去探路；当遇到问题、困难和风险时，在大家四顾茫然的重要时刻，管理者的一句“跟我来”会让追随者信心百倍，再难过的坎儿也视若平地。

古希腊优秀的哲学家色诺芬，他不仅在哲学方面建树非常，更是一名优秀的将军，一名出色的军事家。

色诺芬 26 岁时就已经带兵打仗了，当时他已经在沙场上赫赫有名。

在一次战斗中，色诺芬将军的军队遭受敌人的两面夹击，前方是战斗力极强的土著人，后方是一直穷追不舍的波斯军队。就在这万分紧急的情况下，只有军队提高行军速度，抢占制高点，才有可能获得一丝生机，扭转局面。

于是，色诺芬将军在了解了战况后，他骑着战马，向着军队的士兵大声地说：“亲爱的士兵们！请我们加快速度！快一点儿，再快一点儿吧！要知道我们现在是在为希腊而战，为我们的妻儿而战！稍加努力，前方的路就会畅通无阻！”

就在他正慷慨激昂地鼓励军队时，一位士兵突然站了出来，反驳说：“色诺芬将军，您一直骑在马背上，而我们却拿着沉重的盾牌步行，早已疲惫不堪，想走也走不动啊。”他说完，军队有就有了附和之声。

这时，色诺芬并没有说什么，他立即跳下马背，拿过他的盾牌，徒步前行。

看到这个情形，刚刚说话的士兵向着部队大声喊："兄弟们，我们的将军与我们共同前行，让我们再快一点儿，取得制高点，打个漂亮仗！"

"好！"士兵们大喊着，行军速度提高了很多。色诺芬一回头，只见士兵们个个士气高涨，抬头挺胸，他笑着对大家说："亲爱的将士们，跟我来，一次将敌人打回去！"

"好！好！好！"士兵们的声音更加响亮了。

最后，他们抢在敌人之前取得了制高点，摆脱了前后夹击的困境，成功地进入底格里斯河边肥沃的平原。

色诺芬将军跳下马，拿起盾牌的动作帅极了，他值得每一个企业管理人员学习。身为一名管理者，在企业中一定要为员工起到榜样作用，关键时刻，管理者的做法比空喊口号更容易说服人心。"跟我来"，这是一声勇于担当责任的呼喊，是一种勇于奉献的体现，当员工听到你的"跟我来"时，定会信心百倍，以你为骄傲。

责任是使命，责任是动力，一个具有强烈事业心、责任感的人，才可能有强烈的使命感和强大的内在动力，做好本职工作。一个睿智的人更是如此，只有勇于担当，才有可能带领团队创造辉煌。

第三节　一言九鼎，别乱开空头支票

信守承诺是一个具有优秀品质的人不可缺少的组成部分。孔子曰:“民无信不立。”一个人立于天地之间，坦坦荡荡，重信守诺是很重要的。当一个孩子小的时候，父母常常会对他说:“你一定要说话算话，说到做到。”这便是最初对守信的启蒙教育。

自古“奸商”一词对商人有所讽刺，其中最大的依据便是“不守信”，因为很多不良商人将市场搅浑了，他们失信于员工，失信于客户，最后失信于社会。因此，身为一名管理者，就要有“君子一言，驷马难追”的魄力。话既然已经说出，就要做得到;如果没有十足的把握，就不要口出狂言，随便许诺。

在古代，很多富商都习惯在自己家中养一些有才能的人做门客，一来可以在自己遇到困难的时候帮衬一把，二来还可以得一个敬重有才人的好名声。

有一位商人，他就在家中养了一些门客。但是，这一年年景不好，他并没有赚很多钱，所以他就打算不再像以前那样供养那么多门客，留下一两个关系好的，其余的发点儿银子解散就可以了。

于是，他设宴将众多门客请来，向门客们说出实情。

同时，他还对大家做出了承诺：如果有想要离开的门客将分发一部分银子，以备在寻到新的门第之前的家庭所需；如果不想离开的人，那在未来的一年内，每位门客的供奉将会减少很多，但是，如果来年生意好了，一定会将欠下大家的供奉双倍补偿。

门客们已经与富商相处多年，所以大部分都没有离开，拿着极少的供奉为富商做事。第二年，富商在门客们的建议下改变经营策略，赚到了很多钱。他没有忘记对门客们的承诺，不但恢复了之前的供奉水平，还照自己的承诺将前一年所欠双倍付给了门客们。

富商的做法在当地引起了不小的轰动，一些有才之人纷纷投靠，富商的门客变多了，生意也越来越红火。

很多企业管理者为了笼络人才和鼓励员工，会不假思索地对员工许下承诺，如“今天要是能够超额完成任务，大家到月底就可以拿到多少多少的分成”“只要你们努力工作，我们公司只要一上市，大家到时候人人都是公司的股东……”

但是，困难一旦解决，管理者就像不记得自己曾经说过什么一样，在员工们的眼中，这样的管理者就是一个“过河拆桥”的人。当初是你让员工们做了一个水中捞月、镜中看花的美梦，如今你又用一盆冷水将他们浇醒，换位思考，员工们的心情会如何？久而久之，失掉人心，管理者只会落个离心离德、孤家寡人的悲惨下场。

商鞅是战国时期的秦国宰相，当初秦孝公为了改变落后局面，特命商鞅实行新政。

商鞅为了取得秦国的子民信任，他想了一个办法。他命人在都城咸阳的南门外竖了一根碗口粗的木头，并张贴出告示："如有人能够将这根木头从南门搬到北门，赏赐黄金10两。"

当时的百姓对官府是十分畏惧且不信任的，他们不相信官府会说话算话。但是10两黄金对一个普通家庭来说是一笔不小的收入，有些人一年的收入都没有这么多，这简直是太有吸引力了。

所以人们在木头前犹豫起来，这根木头对于稍微有点儿力气的人都能搬得动，但是如果搬了过去，最后只是官府戏弄百姓的把戏怎么办？商鞅又把赏金提高到50两黄金，依旧没人敢出来抬。

就在大家犹豫不决的时候，一个大汉分开围观人群走了出来，他按照告示上的要求，将木头从南门扛到了北门。这时，商鞅也在人群之中，他命人按告示所示，将50两黄金赏赐给了那个大汉。

百姓们中间炸了锅，原来官府是说话算话的，原来我们百姓也可以信任官府。这件事让百姓们知道了商鞅是一个诚信的人，他在百姓当中也树立起了威信。

之后，商鞅趁机颁布了法令，大家纷纷表示愿意遵守，新法很快执行起来了。

商鞅之所以没有直接推行新法，是因为在一种别人对你并不信任的情况下，你提出的所有决策或者建议在别人看来是无法正常实施的。当建立起人与人之间的信任感后，你的话便有了说服力，人们自然就会执行推行的新法了。

说到底，这是一种建立“承诺”机制的方法，这种机制建立之后，就会成为管理者的一项法宝。员工对你提出的工作安排会很快地去执行，形成一种“说即做，做即好”的良好氛围。当然，想要取得员工的信任，并没有像商鞅那样摆个木头扛一扛那么简单。

首先，管理者对员工做出承诺时，要注意因人而异。有些员工为名而努力，那么你可以提出升职的承诺；有些员工为利而战，那么你就可以承诺利益分配。当然无论是何时承诺，承诺具体内容都要有一定的标准，不能想起就说，要有合理的按功劳或者业绩来进行奖励的标准。

其次，要制定科学的企业发展战略。任何一个团队，在取得一定成绩后都会沾沾自喜，止步庆贺，殊不知你在庆贺时别人已经超越了你。因此，要让员工清醒地认识到成绩只代表过去，无论是什么奖励措施都是对以后工作的鼓励。

同时，如果团队取得成绩后，管理者要让自己的员工得到切身的利益，这样他们就会明白付出就会有回报。管理者可以将大目标变成小目标，如这个月签下多少单子将会得到多少奖金，这个季度签下多少单子将会得到多少奖金，这一年的业绩突出者将会得到多少奖金，这样月月年年的积累，员工们会干劲儿十足，自然企业也会飞速发展。

最后，需要再次强调的是承诺一定要三思而后。有些领导特别爱冲动，对员工说："你快工作吧，回头我给你加薪。""你今年要是完成了工作，明年小组长就是你的。"……这样的话大部分成了"空头支票"，基本上都是很难兑现的。所以，身为管理者要做到"金口玉言"，少些随意，多些慎重。

总而言之，一个信守承诺，说到做到，绝不食言的管理者会更让人信服，比起那些天天给别人瞎许诺，从来不兑现，或者头脑一热就"口头发奖"的领导者，更会得到更多的人心。员工在这样的团队中工作也会更有安全感、成就感，他们自然会勤勤恳恳地帮助领导完成企业的生产、发展任务。

第四节　先管好自己，然后才能管别人

在现在这个多样多彩的世界中，人如果一旦失去自制力，就会随波逐流，失去自己的本心。作为一个企业的管理者更是如此，一个自律的人在员工面前会更有权威。

俗话说"律己方能律人"，一个人只有管得住自己，才能管好别人，管理者只有不断提高个人的道德修养，自觉抵制各种不良诱惑，在领导员工时才会更加让人信服。

其实，一个自律的人最难克制的就是自己的性格缺陷和内心的欲望，如果一个管理者的脾气性格让员工难以接受，就会受到员工的排斥；如果内心的欲望不能有效克制，人们

就会看到一个利欲熏心的领导，员工会有一种被利用的感觉。

李肖是一家电器生产公司销售部的最基层的业务员。他很勤奋，每天晚睡早起，早到晚退，经常加班到深夜，每逢休息日也加班加点地工作。

经过几年的不懈努力，李肖终于以公司第一销售量的业绩得到了老板的赏识，被老板提拔为区域经理，并给了他一支金牌销售团队。

最初带领团队的时候，李肖还很自律，延续之前的工作习惯，员工们看到经理做得这么好，他们也信心十足，每个人都对工作充满激情，工作很努力，年末又创佳绩，在年会的时候得到了一笔丰厚的奖金。

但是，李肖觉得自己的位置高了，更觉得自己已经奋斗了这么多年，该歇歇了，所以便放松下来。于是，李肖没有了以前的上进心，渐渐变得懒惰起来，每天迟到早退，工作的时间也只是坐在办公室里喝茶看报，悠闲得很。

不过，他虽然自己很悠闲，但却对团队的人要求很严格，常常催促员工们要努力，自己等着享受“胜利果实”。年末时，虽然业绩有所下降，但比起其他团队来还是很高的，所以李肖理所当然地又得到了奖励。

之后的日子，李肖更加放肆了，他一面享受着生活，一面对员工疾言厉色。很快，员工们对李肖有意见了，他们认为李肖现在越来越不苛刻，他非但不去帮助团队里的每一个人进步，带领团队一起成长，反而无休止地压榨员工，自己坐享其成。

所以，员工们也变得阳奉阴违起来，当面一套背后一套，导致整个部门的业绩直线下降。季度汇总时，这支曾经的金牌团队业绩垫底了，李肖却还做着黄粱美梦，第二天便接到了董事会的职位调整的降职通知，多年的奋斗，一夜打了水漂。

一个自律的人就是在时刻与自己做斗争，自律也是一个人最难获得的品质。如果管理者缺乏自制力，轻易纵容自己，就会在员工面前失去威信，失去尊重，自然影响力也会下降。李肖就是犯了这样的错误，他在功成名就面前头脑发热，骄傲自满，在工作上不再严格要求自己，这样的领导自然无法继续到员工的支持和信任，所以才会落得前功尽弃的下场。

自律的本意是指通过自己要求自己，变被动为主动，来约束自己的一言一行。对于企业管理者来说，自律不仅是一种态度，更是一种必备的能力。在《荷马史诗》中有这样一则故事，它告诉我们：管理者的严格自律、率先垂范是多么的重要！

在一个神秘海域的海岛上，住着三个女海妖。她们秀发乌黑，身姿苗条，最特别的是她们有着美妙的歌喉，只要听到她们的歌声，不论是谁，都会身不由己地靠拢她们。

这天，俄底修斯船长带领船队也从这片神秘海域经过，在海岛上遇到了这三个女海妖。她们像以前一样开启醉人的歌喉，想要将俄底修斯船长他们一行人引入沼泽地，最后杀死。

但俄底修斯船长是一个非常自律的人，他为了抵御女海妖的诱惑，在经过那片神秘海域时，用绳子牢牢捆住自己的手脚，而且还吩咐船上的水手们也照做，并命令他们，无论自己多么痛苦地哭泣、哀求、挣扎都不许松绑。

三个女海妖开始歌唱了，那歌声美妙极了，听到的人都难以控制自己的感情，都想向女海妖们靠拢。但是，俄底修斯和水手们坚持住了，他们的船队安全地驶过了那片神秘海域。

俄底修斯船长作为整个团队的领导者，时刻没有忘记肩负的使命和责任，他面对航行途中难以回避的诱惑，怕自己无法自律，也怕船员自制力差，所以用绳索将自己和大家捆绑起来，他带领大家一道抵制住了诱惑，保全了性命。

这便是自律的作用，如果自己无法自律，那么利用一些外界条件的帮助也要对自己严格要求。面对竞争异常激烈的社会，各种诱惑无处不在，管理者肩负着更多的责任，为了企业和员工的利益，更要有一定的自制能力。

20 世纪 70 年代，世界顶尖富豪之一的“石油大王”保罗·盖蒂是一个非常自律的人，也正是依靠自己的自律，他取得了成功。

其实，保罗·盖蒂有一些不良习惯。例如，有段时间，他十分迷恋香烟，并且吸烟成瘾，一天中没有烟的陪伴他就无法做别的事情。

有一次，盖蒂因业务去了法国，当天晚上在一个小城的旅馆里过夜。半夜两点钟的时候，盖蒂突然烟瘾犯了，他赶快拿起烟盒，结果发现烟盒竟然空了，这才想起来在睡前他已经抽完了烟盒中的最后一支烟。

他看了看窗外，大雨纷纷，根本没有办法出门，并且这时旅馆的餐厅、酒吧早就关门了，想要抽烟的话，就必须冒雨到几条街外的火车站去买。

盖蒂穿好了衣服，拿了雨衣准备出门。就在他拉门出去的时候，突然通过门口的镜子看到了自己，他发现自己疲惫的脸上充满了欲望，因为太匆忙还系错了一个扣子，那样子狼狈极了，他突然问自己：我这是在干什么！

于是他坐下来，开始反思自己，一个所谓相当成功的商人，一个自以为有足够理智还领导着一群下属的人，竟要在三更半夜从床上爬起来，冒着大雨走过几条街，仅仅是为了得到一支香烟？他觉得自己十分可笑，他是多么荒谬呀！

于是，盖蒂把桌上的空烟盒丢进了废纸篓里，换上睡衣回到了床上。他努力克制着自己生理上的欲望，几分钟后，他自己仿佛得到了解脱一样进入了梦乡。

而且在那晚之后，他再也没有抽过一支烟，也没有因为任何事失掉自律。之后，盖蒂的事业越做越大，他时刻都在提醒自己“管住自己，也就管住了一切”，员工们也受他的耳濡目染，工作十分卖力。后来，盖蒂的事业越做越大，终于成为世界顶尖富豪之一。

“我个人以为，既然想要做出一番事业，我们就不能太善待自己，只有自律的人，才能最后取得事业的成功。”这句话出自另一位世界首富——比尔·盖茨。一个对自己都不能管束的领导者，怎么能让员工信服呢？对自己太过仁慈，就会丢掉自律的能力，所以，严以律己，宽以待人，员工自然也会以领导者为榜样，为企业的发展而努力。

第五节　领导者就要有杀伐决断的气质

“优柔寡断”是一个人身上最大的问题，无论做什么事情，往往在机会摆在眼前时却因你的犹豫而转送他人。很多人在遇到岔路口时往往会陷入矛盾中，但试想一下，两条路你都不知道前方是什么，为什么不干脆直接走起来试试呢？有时，果断会成就一个人、一个企业，而优柔寡断只能使事情变得更为糟糕。

张斌是一家企业的高层领导，但他有一个毛病，就是做任何决策时常常优柔寡断，特别是有利弊不明确的方案摆在眼前时，他就会陷入矛盾之中。

有一次，张斌吩咐下属小李、小王分别制作一个销售方案，张斌看过小李的方案后感觉很好，但是又不能说出具体好在哪里；看过小王的方案后也觉得不错，只是也没有明显的优点。

面对两人的方案，张斌左右为难，又是找人商议，又是开会讨论，定好了又变卦，然后再开会……经过几次讨论推翻的会议后，员工们都发现了张斌的问题，几个经验丰富且能力突出的人还对张斌的资格提出了异议，希望上级认真考虑他们团队负责人的人选。

作为一个团队的领导者，你在团队中起到的是核心决策的作用，如果拿到方案后自己没有一个总体的判断，优柔寡断只能让人怀疑你的能力问题。那些面对问题常常犹豫不决、拖拖拉拉、举棋不定的领导者必定会让员工怀疑你的领导力，对你的权威表示质疑。

其实，决策犹豫的人往往会有以下几个问题：

第一，他们对方案、工作往往心中没有一把衡量的尺子，这是对工作不熟悉造成的，可以在以后的工作中通过丰富自身的经验来克服。

第二，犹豫不决就是怕得罪人。这样的领导者往往缺少魄力，这种犹豫与我们日常生活中某些人的“选择综合症”的心理问题是一样的。他们往往想让自己变得圆滑，受员工欢迎，所以在决策的问题上就会瞻前顾后，前怕狼后怕虎。其实，他们在考虑不要得罪人时往往已经把人全得罪了，还会让员工质疑你的能力。

第三，怕承担责任。有些人本来能力很好，但一走上领导者的位置上就开始变得犹豫起来，因为他们害怕会因为自己的决策而使公司遭受巨大的损失，所以他们想进一步观察后再做决定。可往往想的进一步观察，结果却走成了一步步观察，或者左右为难，在别人眼中他们就成了犹豫不决的人。

如果领导者做事不果断，下属就会觉得领导者没有魄力，那么自然一些有魄力的人便会站出来展示自己的能力，所以这个犹豫不决的人最后就被置于很尴尬的境地，或者冷在位置上不动，公司安排人进来辅佐，说是辅佐，实际上就是抢权力；或者就干脆把你放在一个没有发展前途的位置上，最后逼得你自己说要离开，不过，这样的人去其他公司，可能也会被淘汰。

许涛芳是“将门之女”，一直生活在上海。因为她独到的眼光和果断的决策，她已经成为商业上的一颗明星。

2002 年，她刚刚毕业时受到家族服装企业的影响，对服饰有着特殊的敏感特质。留学期间，她发现很多怀孕的妇女都在穿着具有防辐射功能的孕妇装，敏感的她立马觉得这将是一个庞大的市场。

21 岁的许涛芳正值青春靓丽的年纪，在很多女孩子都选择谈恋爱为生活增色时，她毅然放弃了恋爱，同时也果断地放弃了可以继承的家族传统服装行业。就在这一年，她创办了自己的公司——添香防辐射服装公司，选择走一条坎坷的道路。

添香防辐射服装公司创办之初，只提供面临一小部分人群的产品，因为原材料需要进口，单件成衣价格超过 1600

元，所以只有一些有钱人才能用得起。但许涛芳没有因此而犹豫，她确定了主打产品，找到了销售渠道——妇婴用品店。这种小店是孕妈妈们最爱逛的，所以许涛芳便将妇婴用品店成为自己设计的防辐射服的首批销售点。

一年后，许涛芳又加入了电子销售模式，使产品进驻网络，让“添香防辐射”成为“孕妇装”的衍生关键词。

如今，她设计的产品我们随处可见，近些年来已经成为流行，因为面料的改进，现在这个产品的价格也逐渐走向平民化。许涛芳就是通过自己敏锐的市场嗅觉和果断的决策力，同时加上自己多年的钻研和销售，最终立足商场。

一个企业的兴衰往往取决于领导者的决策能力，因此果断的决策力就成为领导者最优秀的品质。不能通过把握外界行情而迅速做出决策的领导者是不合格的，他所带领的团队也会因他而业绩平平。

所以，作为企业的领导者，团队的“领头羊”，首先就要有眼光全局的意识，做事不可主观武断，可以在听取别人的意见、收集各种信息之后，再通过自己的决策能力做出判断；其次还要公私兼顾，在最终的决策中不能掺杂个人的好恶，应该从公司的利益、员工的利益角度出发去做判断；再次，身为领导者最忌讳的就是“前怕狼后怕虎”的思想，犹豫不决，错失良机，不能够当机立断，只会让机会从身边溜走；最后，不要存在某些侥幸心理，以为所有的问题都可以用一种方法来一劳永逸，千人千面，千事千法，每个决策都必然有它自己的独特性。

果断是领导者的优秀品质，是员工信服的首要条件。同时，一个做事果断的人也会成为团队中的主力，受到领导的赏识。优秀的企业管理者不应被束缚住手脚，应拿出魄力与果断的决心，不要一步三回头，前方的路通向成功，果敢地前进吧！

第六节　亲疏有度，要有感情也要有距离

在一些武侠小说中，往往高手都无拘无束，脱略形迹，他与任何人都可以做到零距离，受到很多人的喜爱。但是，这样的人只能存在于小说之中，如果一个团队的管理者效仿这种人的脱略，并不会给人以平易近人的感觉，而会让人怀疑你的领导能力，也会使人心涣散。试想一下，谁想跟随一个什么也不在乎的领导者工作呢？

如果你是一个管理者，就要有管理者身份的约束，某些言辞、行为要特别注意，不能过于随意。当你的举止或者形态给人不受拘束的感觉时，人们自然会想到这个词——放浪形骸，通俗来讲就是“不靠谱”。员工之所以要追随你，在你的团队中是为了工作更出色而存在的，但如果你的言辞、行为给人“不靠谱”的感觉，他们就会因缺乏安全感而对你产

生质疑。

张民与他们团队的李经理是好朋友，两人很早就相识，如今在一家企业上班，而且恰巧今年又在同一个团队中，他们两人都很开心。

在刚分配好团队的那天晚上，两人都很高兴，下班后相约去喝酒。两人推杯换盏，聊得很兴奋，而且聊到很晚。

第二日，李经理与张民都因为宿醉迟到了，而且一天的工作中整个人也昏昏沉沉的。

其他团队的经理劝李经理说："你们不能这样，会给员工带来坏的影响。"

李经理却说："我这叫平易近人！我们团队上上下下都是铁哥们儿。"

因为李经理的"平易近人"，他的团队上下没有分寸，做事情也是马马虎虎，受到上级的多次批评，但李经理还是觉得与下属相处就得这样"打成一片"。

没想到，在一次大型活动中，张民因为疏忽犯了错误，使活动延时 30 分钟。李经理对此很为难了，张民已经不是第一次犯这种错误了，他身为经理按理说应该对张民进行处罚。

但是，公司中谁都知道他们两个是关系很铁的哥们儿，不罚吧，人们可能会说他徇私情，认为这是在默许和自己关系好的人可以不顾公司的纪律；罚吧，显得太不近人情，张民心里难保不会想："哼，昨天还跟我称兄道弟，一转脸就翻脸不认人了。所以，这件事李经理又是不了了之了。

就在一个星期之后，张民又犯了同样的错误。李经理这时开始检讨自己了，他经过几番考虑，最终按照公司的规章制度惩罚了张民，并且也为自己开了处罚单，他在团队会议中当着全体成员的面做了检讨。

员工们看到李经理如此真挚，也看到他处世如此严厉，所以都不敢再违反公司的制度了，对李经理也是打心底里尊敬。

一个企业是有企业制度存在的，如果为了所谓的“亲民”便视制度于不顾，对下属偏袒，只能让自己的团队在竞争中淘汰。人与人之间要有距离感，上下级之间更是这样，“距离产生美”这句话很有道理。

古代讲究君君臣臣、父父子子，虽然这是封建等级思想的产物，但里面蕴含的道理还是非常正确的。

为君者考虑自己是君而做一些荒唐事，便不适合为君了。宋徽宗就是这样一个“平易近人”的君主，他琴棋书画样样精通，与臣下关系也非常好，但历史上对他的评价却是“不成君”。为臣者不时刻记得自己身为臣子的责任，便不能再为人臣。在其位，谋其事；不谋其事，就不要在占其位。当然，如果为臣者不满为臣，为君者不配为君，那臣反弑君的历史事件也不在少数。

为父者就要像一位父亲，处处为儿子做出榜样；身为人子，就要懂得为子之礼，处处以孝为先。如果父不正，子不孝，便会出现有违伦常的事件了。

所以，我们要明白一个道理，身为一个团队的领导者，与下属之间的关系应该是：不即不离，亲疏有度。和员工尽量保持一个较“和谐”的关系，做到在工作和私下的关系不冲突、不影响。让员工觉得管理者平易近人的同时，也能感受到管理者身上的威严和权威。

很多家族企业在当今社会中管理频频出现纰漏时，李嘉诚的长江实业公司和名下的多个公司却没有受到丝毫影响，反而经济效益还高于其他公司。

李嘉诚的公司大多是由自己的儿子和一些老员工管理着的，但无论是谁管理的公司，李嘉诚都一样对待，没有因亲疏而差别对待。他从来不会因为管理者是自己的儿子而有任何偏袒。

人们发现，李嘉诚在工作中对自己的儿子要求十分严格，儿子犯下错误后一定要接受处罚；但在生活中，他们两人是亲密无间的父子。这种管理方法让他在员工面前显得很有威信，员工自然尽心尽力做事。

很多家族企业出现的问题，大都是因为管理者亲疏混淆而造成的。企业管理中最忌讳的也是管理者失掉管理的气度，员工忘了员工的本分。管理者自以为平易近人，却让员工误以为是脱略形骸；管理者忘掉与员工的距离后，员工也就失掉了分寸。所以，那种亲疏有度、若即若离的平易近人才是最正确的。

企业管理者以“与群众打成一片”的形象出现自然会让

员工觉得亲切，但也要注意地点与场合，在非正式的场合可以随意，但在正式的场合一定要有上下级的意识，绝不能允许下属越级放肆，也不要在下属面前随意处事。

领导者永远是领导者，心近不是身近，无论领导多么平易近人，在工作上对员工的要求也要严格。这样的管理者才是合格的，既保持自己平易近人的形象，又可以受到员工的亲近。距离是可以产生美的，管理的艺术更需要美一些。

Chapter 3 第三章

知道什么人可用，更要知道怎么用

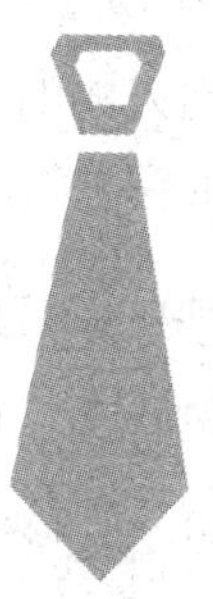

团队的生命力在于人力，而最大的人力来源于领导者有效地发现所有下属的才智，使其各尽所能，各展神通。

一个不善于发掘人才的团队领导者只能埋没人才，给团队带来无法估算的损失。可以说，发掘人才是体现团队领导者眼力和能力的重要标志之一。

第一节　熟知下属长短，扬其长避其短

尺有所短，寸有所长，世界上没有完美的人，也不存在一无是处的人。俗话说“天生我材必有用”，在没有全能型人才存在的情况下，人们追求过分的完美，肯定会非常失望。但是，如果企业管理者在用人的时候能明确分析出员工的优点和缺点，能做到合理安排工作，就能充分发挥人才的长处。

千里马能够在长途跋涉中保持体力和速度，在沙场与将士一起浴血奋战，尽显它的优势。但如果让千里马耐下性子去犁地耕田，那么它还不如一头老黄牛效率高。动物尚如此，人才之间的差距只会更明显。管理者既然能招揽人才，就要学会用人的长处，给员工分派合适的岗位。

陈经理是一家大型公司的人事经理，他部门里的几个员工各有所长，他就根据他们的特长分配工作。小李看人很准，陈经理就让她负责面试；小张对数字敏感，陈经理就让他负责绩效考核；小夏擅长说教，陈经理让她负责培训。他们几人在陈经理的安排下，工作做得相当不错。

但是，还有一个员工小孙，却让陈经理非常头疼。他性格内向，为人老实，给人一种迂腐的感觉。遇到问题，他不

会向人请教；参加活动，也没有表现力；交给他的工作，虽然他能完成，但是没有创新和亮点。

但是小孙也有他的优点：严格遵守公司的各项规定，从不迟到早退，不会随便串岗讲小话。陈经理打内心里觉得小孙不适合做人力资源的工作，想给他换个职位，但又没有那么合适的空缺，毕竟大公司就是一个萝卜一个坑。小孙在公司几年，也算是老人了，就算是他工作没什么成绩，但是态度良好，也没法让人狠下心来辞退他。

可是日复一日，别的同事每天都忙忙碌碌，把人事工作做得非常到位，小孙连打个杂儿都让人觉得不放心。同样的工资待遇，别人的付出和成绩有目共睹，工资拿得心安理得。但是小孙呢，工作不多，成绩不突出，陈经理生怕别人有意见。

有一次，陈经理找小孙谈话，问问他自己有什么想法。结果小孙也没有说出来自己究竟想做什么工作，只是说自己不擅长表达，但是可以耐得住性子，绝对会对工作负责任。陈经理想了想，心里有了主意。

原来，他们公司的仓库保管员刚辞职了，公司内部没有人愿意去接替。不如就让小孙过去试试，说不定他会喜欢这个工作。所以，陈经理就把小孙调去仓库做保管员。仓库的工作比较乏味，人员也少。小孙到那里之后，迅速上手。工作时间他不是整理库存表，就是熟悉仓库里的东西。因为他人老实，不爱说话，所以从来不会因为觉得寂寞就跑去跟别的同事聊天。

后来，小孙的直属领导找到陈经理，给小孙一顿表扬。他说自己从来没见过这么认真负责的保管员，他从来不嫌仓库的工作枯燥，工作做得井井有条。陈经理听后暗自庆幸："幸好当初没有辞退他，否则伤了小孙的自信心，也让公司损失了一个稳重而又负责的员工。"

陈经理作为领导，看到了自己下属的缺点，但也看到了他的优点。他包容了下属的短处，终于做到"用人所长，扬长避短"，给他安排了非常适合的职位。这是陈经理的包容性，更展现了他的用人智慧。

企业管理者选聘人才，追求完美型和全能型，这是一种美好的希冀。落实到操作层面，公司要做到的就是正确对待企业员工的优缺点。所以，想要做到人尽其才，就要对员工有全面客观的了解。掌握其擅长什么，才能结合长短处合理地分配工作。

张俊是南宋时期的一位将军，战场上他骁勇善战，立下军功无数；天下太平之时，他负责广大将士的训练工作，保护国家。不过，没有仗打的时候，将士们比较放松，对平时的执勤站岗一事并不怎么看重，张俊念他们战时的辛苦，对此也是睁一只眼闭一只眼。

这一天，张俊闲暇之余，准备检查一下各岗哨的执勤情况。他来到后门处，看到站岗的士兵站姿标准，非常满意。但往一个角落一瞧，他居然发现有个士兵在睡觉！这让他非常生气，他走过去叫醒那个士兵，并严厉质问他：“你怎么能睡觉呢？现在可不是睡觉时间！”

士兵一看是将军，赶紧站好：“小人并不是想睡觉，只因无事可做，就眯了一会儿。”

张俊问他：“那你想做什么？喜欢做什么？”

士兵回答：“回将军，小人从军之前是经商的，喜欢做生意，做得还不错。”

张俊一听：这可是个人才，会做生意赚钱的人可不好找。我对经商一窍不通，但是眼下既然无事可做，不如就让这个士兵带领几个擅长经商的人一起，做点儿营生。这样他们不至于无聊得睡觉，还可以为广大将士赚取军饷。

他当场就让那个士兵跟他一起回去，商议经商之事。随后，他集结了军队中的人才，拨出一部分军饷，用来做生意。果然，他们的生意做得很成功，赚取的军饷数量可观。

不是每一个人都适合当兵，也不是每一个人都有经商的头脑。张俊虽然不喜欢打瞌睡的士兵，却通过盘问得知士兵的长处，并想办法发挥了这一特长，造福了军队和国家，这就是“扬长避短”，智慧的力量。

知人善任，是现代企业的用人策略。企业要想发展，就要充分了解员工，给他们安排合适的职位。如果那位陈经理炒了小孙的鱿鱼，还得浪费时间和精力重新选拔人才，培养人才；如果张俊一怒之下重罚睡觉的士兵，哪里还能再找到为军队赚军饷的经商人才？

如果把企业比作森林，员工便是森林中的花草树木。企业管理者就像是森林的守护人，只有用心了解什么树喜欢阳光，什么花儿喜欢阴凉，才能守护住森林的长久美丽。同样，员工能够发挥长处，必然干劲儿十足；企业用人所长，也会得到无限的辉煌。

第二节　知人善用，“刺头儿”也可做箭头

刺在我们的生活中随处可见，但是并不受人欢迎。玫瑰娇艳欲滴，尖锐的刺让人谨慎；仙人掌骄傲生长，扎人的刺让人远离；刺猬外表可爱多变，密集的刺让人不敢去碰……在职场中，有一类人也是带刺儿的，大家叫他们“刺儿头”。他们个性明显，说话犀利，是同事和老板眼里不好对付的人。同时，“刺儿头”们才华横溢，能力非常强，也是前途不可估量的人。

矛盾无时无处不在，“刺儿头”在领导者的眼里利弊特点明显。如果不懂培养“刺儿头”的办法，只会激怒和批评他们，会给企业带来极大的损失，甚至会给自己树立强敌；如果懂得“刺儿头”的心理，充分运用智慧，激励和调动他们，对方则会竭尽全力贡献自己的力量，为集体带来成就和荣誉。

公司新来了一个同事，名字叫李伶俐。这个名字听起来

干净爽快，本人看起来也是风风火火，非常能干的样子。刚来的几天，同事对她非常热情，不管是在工作还是生活中，只要她提出疑问，很快就有人为她解答。

过了几周，李伶俐工作已经上手了，慢慢地不再需要同事们的指点。但同时同事们也给她起了个绰号“凌厉姐”。这可不是个好听的名字，为什么大家会给她取这样的绰号呢？原来，在这短短的几周相处中，李伶俐的表现已经出现分化：工作表现不错，做得有模有样，但跟同事们的关系却大不如刚来的时候。

她是个典型的女强人，跟同事讨论工作的时候，她直来直去，不考虑同事的感受；在团体活动中，她只顾自己的想法和情绪，不配合大家的行动。这种争强好胜的性格，让同事们远离了李伶俐，并在背后讨论她的种种作为。

不久，公司的领导张总也发现了这个问题。在一次会议上，张总正在发言，李伶俐忽然激动地打断了发言，并就领导提出的问题发表了自己的看法。张总虽然下不来台，但是仔细一听，还挺有道理。再看看周围的同事，要么是一副等着看热闹的架势，要么是不屑一顾的表情。多年带团队的经验，让张总知道这是来了一个“刺儿头”。

看这个样子，李伶俐的工作能力非常棒，但是同事关系处成这样，对她的工作开展只有坏处，没有好处。张总决定想个办法，让“凌厉姐”跟大家相处融洽一些。正好张总手上有个项目有一定难度，他把李伶俐的同事们挨个儿叫了过来，让他们试一试。结果不出意料，这本来就是个有难度的团队工作，他们尝试了一番之后，都很惭愧地表示完成不了。

最后，张总召开了一次部门会议，当众把这个工作交给了李伶俐，并说明项目时间紧张，要在十天之内给他一个结果。李伶俐接过来看了看，马上爽快地答应了，脸上甚至露出了喜悦的表情。同事们早就知道这个项目有多难，果然又是一副等着看好戏的模样。唉，谁让她平时得罪人太多呢，张总无奈地想。

李伶俐每天早出晚归，为了这个项目废寝忘食。十天的期限到了，李伶俐在会议上向张总交了一份完美的答卷！她不仅把领导对项目的要求都完成了，还额外做了下一步的工作。

这一次，同事们被她的工作能力惊呆了！没想到她虽然言行有时让人感到不舒服，工作能力倒是非常强。此后，大家对她不再排斥，而是主动去接近她，学习她的工作能力和工作方法。虽然“凌厉姐”的说话方式还会非常犀利，但是经她解答，工作通常会事半功倍，非常有效率。

年终会上，张总重点表扬了李伶俐所在的部门，并且给她颁发了“先进个人”的奖项。

“刺儿头”是什么样的人呢？有的人讨厌他们的自以为是，有的人却被他们的才华折服。每个企业中，管理者都会不可避免地遇到这类难管理的人。这类人激情满怀，热爱工作，喜欢表现自己，也能做出成绩，他们甚至是某一类工作上的专家。但是如果管理不好，他们在同事中强大的号召力会让领导进退维谷；如果管理得好，他们会成为公司的领头羊，做出骄人的业绩。

睿智的企业管理者会发现，“刺儿头”员工向往与众不同的工作表现，他们希望通过自己能力的展现，给高层领导留下深刻的印象。如果他们表现出非常强的功利心，管理者不妨顺势做延展，充分发挥他们身上的工作激情，为公司带来最大的效益。

林肯担任总统时，曾经任用一个名叫蔡思的议员。这名议员野心勃勃，非常自大，对白宫和权力极度向往。他曾一度想竞选美国总统，只因林肯就任，他不得不暂时考虑其他位置。最后，林肯任命他为财政部长，他虽然十分不满意，但还是在这个职位上做出了让林肯满意的成绩。

不止一个人告诉林肯留蔡思在身边很危险，最好不要把他纳入自己的团队，因为他的“刺儿头”事迹人尽皆知。但是林肯不以为意，尽管他知道蔡思会在各种场合跟他起冲突，但他认为只要蔡思能做好他的工作，尽量避免跟他发生冲突就好了。

不过《纽约时报》的主编雷蒙看不下去了，他生怕总统被蔡思给“伤害”了，于是带着一堆资料给林肯看：“这个人不可用啊，他野心勃勃，会想方设法地抢走你总统的位子，太危险了！”林肯听完哈哈一笑，随即给雷蒙讲了一个故事。

林肯小时候家境贫困，家里养了一匹马用来耕田。有一天，这匹懒洋洋的马突然开始跑得飞快，林肯几乎赶不上它。等它停下来，林肯发现，这匹马身上有一只很大的苍蝇，一直在叮咬着它。

林肯对雷蒙说："我哥哥说那匹马被苍蝇叮到了，所以才跑得快；我如果想跑得快，就要靠蔡思先生了。"

你的企业里，有没有这样一位"蔡思"员工？他们骄傲自大，甚至连领导都不放在眼里。但林肯总统也用实际行动表明，只要管理好有能力的"刺儿头"，其工作潜力非一般人能比。

想让"刺儿头"对集体贡献力量，就要运用不一样的管理办法。作为领导者，在激励他们努力工作之前，先要树立自己的权威，让他们知道应该有所为，有所不为。最起码不可以公然挑战和破坏企业制度，否则能力越大，危害越大。

无微不至的叮嘱不会让"刺儿头"感觉到温馨，反而会让他们感觉到啰唆，对管理者的权威表示质疑。简单直接的指令、严格的要求，更能激发他们的雄心，也能树立管理者的形象。

对管理者和企业来说，"刺儿头"的存在既是机遇也是挑战。对待这样的人才，既要严格要求，也需要提供施展的舞台，如此才是科学的管理方式，让企业员工共同成长。

第三节　善于协调，让员工劲儿往一处使

《众人划桨开大船》是一首脍炙人口的励志歌，它唱出了集体与团结的重要性，用来鼓舞士气非常合适。正如歌中所唱的，竹篙与大船、小树与森林、筷子与巴掌，做任何事仅靠个体的力量都无法有效完成目标，但是大家万众一心，则会众志成城，攻无不克，战无不胜。如果人人都朝着自己的方向走，最后只能落个“分崩离析”的结局。

企业也是社会，员工来自五湖四海，价值观也各有不同。优秀的人都有可用之处，但也都有自己的个性。管理者不难发现，公司中有些员工，要么不服从领导的安排，要么不配合同事的工作，自己执拗地按照自己的想法工作。在这样的环境和氛围下，公司的效率成了问题，甚至公司的发展前景都十分堪忧。

赵华最近升官了，他原是销售一部的老销售员工，因为业绩一直很好，所以领导决定把他提拔到销售二部去当销售主管。不过，刚得到这个通知，就有好心人提醒赵华：“那可是个火坑啊。听说了吗，之前二部有两个销售主管，待了不到三个月都走人了。实在不行你就跟领导说说，别去接那个烂摊子。”

同事原以为赵华会考虑考虑，但没想到他还是一口答应

了领导的工作安排。据说他还在领导面前立下了军令状：“领导放心，我会在三个月之内让销售二部业绩提升，完不成任务，您就把我再收回来，我绝对不会有任何怨言。”领导听了很满意，同事听了很吃惊。大家都觉得赵华若不是有什么超能力，那就是脑子不正常了。

赵华简单收拾了一下，换了个办公室。一进销售二部的办公室，他就觉得气氛不对。在一部的时候，大家说说笑笑，互相帮助，气氛非常好；而二部的办公室里仿佛压着一朵乌云，员工各忙各的，没有交流，气氛压抑。他们本来就认识赵华，也提前接到了通知，大家彼此点头问好，也就这么过去了。

俗话说：“新官上任三把火”，全公司都等着赵华出招儿呢，他却像个没事人一样。每天按时上下班，在办公室的时候照常工作，不给员工开会，也不给员工定规矩。这样的领导让部门的销售员有点儿不适应，在背后悄悄议论。赵华只当没听见，做好自己的工作。

但是第二个月，赵华终于出招儿了。他既没有批评某个员工，也没有设立奖罚制度，而是改变外出跑销售的方式。原来部门员工出去跑销售都是单独行动，不管出现什么情况都要自己处理，在内没人接应，在外没人帮忙。现在他规定几个人一个小组，让小组协作，不让他们单兵作战。

别小看这个分组办法，员工的工作量没有增加，可是这种里应外合的协作却让他们部门销售业绩有立竿见影的效果。

每一个人都充分发挥出了自己的优点，相互学习和弥补；每个人都做自己擅长的工作，为了同一个目标共同努力。

第三个月，在赵华的领导下，销售二部的业绩突飞猛进，受到领导的表扬。除此之外，二部的员工们销售提成增多，工作氛围也变得活泼起来。大家一起交流促进，共同分享成交的喜悦，工作积极性大大提高。

赵华做了什么呢？他并没有从高处着手，也没有谈管理方法，更没有给员工打鸡血。他观察了员工的工作状态，并非是他们不具备工作能力，而是大家状态很孤立，所以很难有工作成绩。

工作就像作战，员工就像战士，如果要求大家去攻山头，每个人各自为战，可能一个山头都攻不下来，反而会伤害到自己；而把大家整合成一支强大的队伍，团结一致，胜利自然手到擒来。

企业的发展不是靠某一个人，而是靠所有员工拧成一股绳。绳子的粗细在于员工的心是否团结，因为一个人的力量是有限的，团队的力量才是强大的。众人拾柴火焰高，没有涓涓细流的汇聚，哪里来的大江大海？

员工之所以会出现各自为战的情况，是因为他们性格各异。有人做事低调，有人喜欢张扬，有人细心，有人不拘小节……这么不同性格的人组成了部门、公司，难免会出现矛盾或者隔阂，配合起来不情不愿，或者出现沟通偏差。

管理者想要解决这个问题，需要融入员工，找到问题才能找到办法。只有通过观察、交流，了解员工内心的想法，才能让团队变成真正的集体。如果员工无法有效磨合，领导强行让他们合作，结果可能会南辕北辙。

大山深处有一家人，一对父母养育了三个孩子。他们住在偏远的地方，过着远离俗世的生活。虽然平常的生活能够自给自足，但是到了冬天，山里没有吃的，地里也没有庄稼，他们需要储备粮食。

以前孩子们还小，拉着大车去外面换粮食的工作都是父母来做。如今三个儿子已长大成人，父母觉得应该让他们历练一下，就把这个任务交给了他们。三个孩子听到后非常高兴，父亲给他们准备好东西，把他们三人召集在一起，告诉他们:“你们三个记住，出去遇到什么事，都要好好商量，不要自顾自的。”孩子们欣然答应。

这一天，孩子们出发了，他们一人一根绳子拉在肩膀上，把车子拉得飞快。母亲对父亲说:“他们是第一次出去，你远远地跟着看看。”父亲听了，跟着孩子一路走，不让他们发现。

三兄弟有声有笑地走着，突然在他们面前出现了三岔口，这下他们停住了，父母没有告诉过他们究竟该走哪条路。老大觉得中间的稳妥，老二坚持往右走，老三觉得往左走才对。三个人意见不统一，吵了一番之后，都使劲把车往不同的方向拉。但是车子转来转去，就是走不动。三兄弟累得坐在地上直喘气，但谁也不认输。

父亲看到了这一幕，从树后走了出来，他看着三个大汗淋漓的孩子，告诉他们：“你们这样争来争去，永远都到不了目的地。你们要商量好路线，大家一起朝着一个方向拉车，才能到达目的地。”

三兄弟听了父亲的话，商量后决定跟着大哥，走中间那条路。车子又飞快地跑了起来，父亲这一次没有再跟着他们，相信这三个兄弟已经明白了他说的话。

三个拉车人往不同的方向拉车，力气没少费，却都做了无用功。企业管理者也会遇到这样的情况，手底下的每个员工都非常棒，可他们要么在一起斤斤计较，要么是互不搭理，只朝自己认为对的方向努力。结果就是企业收益甚微，员工苦不堪言。

选择好合适的切入点，利用优势互补，促使员工融进团队，是管理者应该考虑的问题。优秀的团队能促使大家齐心协作，因此才能实现高效率、高收益。一条美丽的钻石项链，是因为有条线穿插其中，将每一个钻石穿起来，才能散发出夺目的光辉。如果想要实现企业的规划目标，就要让员工拧成一股绳，朝着胜利高歌前进。

第四节　用人则不疑，疑人则不用

一代词宗欧阳修曾说：“任人之道，要在不疑。宁可艰于择人，不可轻任而不信。”任用一个人，就不要怀疑他，宁愿在选人的时候多费心力，也不要用人却不信任他。

任用人才的关键之处，就是要信赖。管理者任用人才就像是经营品牌，品牌之所以能有巨大的销售作用，在于客户的信赖。如果希望人才全心全意地为企业贡献才智，也要让他们产生被信赖的感觉。

企业管理者对人才的选拔和聘用十分重视，必须经过多方面的考察和衡量，才会给员工发出聘用函。因为管理者深知，员工进入企业，就相当于一个重要合伙人，彼此产生信赖，员工才能做到爱岗敬业，为企业尽心尽力创造价值。

东汉末年，群雄并起，乱世出英雄。孙策年仅十几岁就手握兵权，率领将士横扫江东，后来更是战功赫赫。有人奇怪，孙策年龄并不大，如何能让万千将士忠心追随呢？要知道，有人天生是打仗的好材料，但并不一定能取信于将士，更不要说带领大家浴血奋战了。

其实孙策的办法也很简单，就是信赖他的属下。他这个人总结起来有这么几个特点：相貌英俊，喜欢说说笑笑，打打闹闹，性格开朗，能广纳群言。有人指出他的错误，他乐意改正；他分配给属下任务，从来不怀疑那人的能力。

天长日久，广大将士都知道自己的这位将军属于“疑人不用，用人不疑”的人物，这不仅是说说而已，实际行动也为他做了见证。所以，广大将士都尽心尽力地听从指挥，就算知道打仗会有伤亡，也不会临阵逃脱，因为他们知道自己身上背负着将军的信任，不可以辜负。

当时孙策喜欢到处招揽人才，尤其喜欢从他降服的军队中选出能干的将士。有一次，刘繇的部下太史慈被孙策降服，太史慈本以为会被囚禁或砍杀，做好了赴死的准备。谁知孙策知道他的能力，听说了他的事迹，马上就对他委以重任，并表示绝对信赖。太史慈感激其知遇之恩，更是忠心耿耿。

有一次，孙策与刘繇大战，刘繇兵败逃走。孙策想要扩充兵力，就想招纳其残余部队。派谁去合适呢？孙策思前想后，突然觉得这事让太史慈去做再也合适不过，毕竟他了解那支部队。不过这个决定让身边的将领十分担忧：“太史慈本来就是被招来的，如果他借此机会回归老部队，咱们可是得不偿失啊。”孙策自信一笑：“我了解他，他不是那样的人，放心吧。”

太史慈出发前，孙策举杯为他践行，两个人都非常高兴。孙策喝酒之余，不经意地问他：“你估计自己多久可以回来呢？”太史慈答道：“六十天足矣。”孙策满意地点了点头。

时间一天一天的过去，转眼间就快两个月了，两个月里，孙策没有太史慈的一丝消息。大家都非常担心，怕太史慈一去不归。再看看孙策，一副高枕无忧的模样。终于有一天，侍卫前来报道：“太史慈率领一支人数众多的部队在城外等候。”听到这话，孙策拍掌叫好。当即率领众将士出城迎接，当众赞扬太史慈办事得力！

孙策对太史慈的信赖，超出了他身边人的意料，孙策的属下甚至怀疑，孙策对太史慈这样过度的信任会造成损失。但事实证明，孙策的气魄成就了他和将士之间的感情，也成就了强大有凝聚力的军队，更让孙策成为一代名将，载入史册。

管理者如果能像孙策一样，信赖员工，他们会感受到领导层的信赖，为感激这种心理上的满足，员工必定会忠心不二，尽心尽力为公司做事。反之，如果管理者不信赖员工，处处猜疑，经常暗中做各种小动作考验他们，员工知晓后自然会产生消极情绪。一旦员工不能全身心快乐地投入工作，他们的积极性就会被打击，上进心更会被消磨。

企业分配给员工工作，是建立在信赖的基础上。如果一开始就觉得员工无法完成任务，那么就没必要把工作分派下去。如果觉得他们有做好的能力，就要学会放手，这也是给自己减压。试想一个老板，如果处处怀疑自己的员工，什么事情都要自己盯前盯后，什么事情都要自己验证检查一遍，岂不是要累死自己了？

有的管理者会担心员工不够忠诚，或者能力不够，甚至会产生“家贼难防”的感觉，自然是无法产生信赖感的。适时放权，让员工大展身手，才是用人不疑的施展途径。

有的管理者觉得员工不值得信任，因为他们随时都会拎包走人。那么想想刘关张三结义的故事，刘备什么物质条件都没给两个兄弟，但是却让两位异性兄弟为自己付出生命也愿意。这是因为刘备足够信赖他们，对待他们如自家人一般真诚。关张二人心理上得到了满足，所以一生追随刘备，居功至伟。

美国最大的零售连锁超市沃尔玛，能从一个小小的公司发展成庞大的集团，跟它的企业管理理念分不开。每一个高层领导都要记得“信任”二字，对自己的员工赋予信任是他们的用人理念。就算是公司内部出现盗窃行为，他们报警处理，也不会怀疑是自己的员工所为。员工感受到领导的信赖，都以忠诚和能干作为回馈。

充分的信赖下属，对下属来说是一种无法拒绝的情感。他们会因为感知到温暖的感觉而感动，也会因为这高尚的情感而变得上进。人与人之间的交往，就像是一种情感的交换。管理者主动授权以示信赖，属下会受到鼓舞，精神层面的满足表现在工作上，就是十足的动力。

所以，用人才的关键不是防备，而是信赖。信赖能拉近上下级之间的关系，激活团队的活力，为领导分担更多的工作，为企业创造出更大的财富。

第五节　人才合理搭配，效能就会翻倍

一个人做生意，叫做个体户；两个人合伙做生意，那叫合伙搭伴儿；多个人在一起工作，才形成了企业。企业是人才的集合地，任何企业的发展都离不开诸多人才齐心协力的

工作。只有每个岗位的员工都能发挥出自己的长处，管理者把这些力量都汇聚在一起，才能让企业欣欣向荣。

企业的员工少则几人，多则成百上千人，如何才能合理配备人才呢？人与机器的区别就在于个性，企业的人才越多，人才的多样性就越明显。各种各样的人才会因性格、经历、优缺点等因素产生区别，管理者需要了解他们的优势劣势，巧妙组合工作团队，做好取长补短的人员配备。只有做到人才优势互补，才能提高员工的工作效率，促使企业蓬勃发展。

历史上的唐太宗创造了繁荣昌盛的“贞观之治”，让整个唐朝绽放出夺目的光彩。有人说这是因为唐太宗心怀天下，雄韬大略，才能取得这样的成就；也有人认为是他知人善任，注重挑选天下人才，让他们在合适的职位上发挥自己的特长。

有一天唐太宗召见王珐，与他单独讨论朝中之事。王珐是什么人，为何能得到如此待遇？说起来他并不是位高权重的大臣，但是在唐太宗的眼里，这个王珐看人眼光稳准。什么样的人经过他的“法眼”，就能分析出这个人的优势特长。

两个人聊着聊着，唐太宗就给王珐出了道题：“现在咱们唐朝人才众多，大臣也不少，你能跟我分析分析他们的优势特长吗？当然，你也要说一下你自己，跟别人相比有什么过人之处。”

唐太宗饮茶静候，不一会儿王珐就开始回答：“我朝人才众多，但有几个代表性的大臣，微臣觉得自己比较熟悉。

房玄龄身为老臣，他为国家鞠躬尽瘁，死而后已，他心中有一个账本，记录着大大小小需要做的工作，只要发现没有完成的，必定会亲自督促，不会有任何耽误。

李靖文武双全，他精通兵书，骁勇善战，能够为皇上平定叛乱，保家卫国；同时，他胸中有笔墨，政务上的事情他也能参与，可以出谋划策。

魏徵作为谏臣，只要觉得皇上您言行不妥，就会及时提醒，这既需要胆量，也需要技巧，是我们都比不了的。

戴胄有才有谋，许多复杂的政务经他处理，都能有一个完美的结果。

而我，虽然比不上他们，但是也有自己的优点。我在自己的位置上，时刻谨记维护正义，除恶惩奸，臣觉得自己做的还算可以。”

唐太宗听闻此言，觉得自己真的没有看走眼，便说道：“你分析的非常对，所以没有你们，就没有这个国家的安定祥和。”

王珐听闻此言，忙上前跪下：“皇上此言差矣，我等虽然各有各的优势，但能有今天的局面，还是因为皇上您。”

“可我并没有你们这些才智，如何说这天下是因为我呢？”

“如果没有皇上您对我们的任用，分配给我们合适的职位，我们又怎么能发挥出自己的能量？是您合理任用天下有才之人，相互取长补短，才能让我朝有此盛况。”

唐太宗听后哈哈一笑，并未多言。

治理国家是一项复杂又庞大的工作，但如果事事亲力亲为，恐怕没有哪一任皇帝能做得到。所以他们不断优化机构，通过考试选拔人才，就是为了让人才尽其用，搭配出一个合理又高效的团队。

企业不喜欢平庸的人才，那些个性鲜明的人正说明他们具有独特的智慧。但拥有独特智慧的人，无法靠一己之力让企业顺风前行。我们经常说人才是互补的，人才就像是食材，不管是什么山珍海味，如果没有其他食材的搭配，就发挥不出其精华之妙。唯有大家一起相互补足，才能完成一道色香味俱全的菜品。

大家都看过李幼斌老师拍的电视剧《亮剑》，里面的男主角李云龙是一位富有传奇色彩的将领。他曾说："面对强大的敌手，明知不敌也要毅然亮剑。即使倒下，也要成为一座山，一道岭。"所以他的战士与他一样富有血性，无往而不利！

但是他之所以能拥有这样的功绩，除了自己和将士能打善战外，跟他的搭档赵刚政委也是分不开的。他们俩的性格迥异，但是在一起合作却是天衣无缝地互补。赵云龙英勇善战，天不怕地不怕，但是性格急躁，做事不考虑后果；而赵刚则性格沉稳，遇事不着急，擅长从长计议。

每次李云龙冲动拔枪的时候，赵刚都会从大局出发，劝李云龙不要鲁莽行事。等两个人细细谋划好后，赵刚与李云龙的合作基本上都会赢得胜利，凯旋而归。

现在企业都喜欢空降高管，帮助企业调整发展战略。高管虽有能力，但因为对企业发展历史、人员构成特点不够熟悉，经常是一身的本领而没有办法施展。如果能挑选出一位擅长配合的中高层做搭档，则会让企业在短时间内产生明显的变化。

有个孩子问妈妈:“妈妈，为什么只有骆驼才能在沙漠中行走呢?”妈妈拿出一张骆驼的照片，耐心地告诉孩子:“你看，骆驼的眼睫毛很长，它在沙漠中遇到风沙也不怕，依然能够前行;还有它高高的驼峰，里面储备了大量的水和脂肪，这能给它提供能量，就算在沙漠中一时找不到吃的喝的，它也能坚持走下去;还有它大大的脚掌，踩在沙子上不会轻易就陷进去了。所以骆驼才能在沙漠中前行，不被条件恶劣的环境打倒。”

孩子听了点点头:“我明白了妈妈，就像我养的那条小金鱼，它在水里活动，用腮呼吸能让它不被淹死，尾巴摇摆能让它在水里游来游去。”

动物身体上的每个部分就像是企业中不同职位的人才，他们都有自己能独当一面的工作能力，却无法自己撑起一个部门，更不用说是一个企业。企业管理者将人才的力量汇聚在一起，不管是行政还是财务，后勤还是采购，大家有条不紊地合作，才能让企业这条大船稳稳地行驶，走得更好，行得更远。

第六节　让能者在其职，贤者在其位

俗话说“闻道有先后，术业有专攻”，全能型的人才是一个美丽的梦想，企业管理者在用人的时候应该明白，“量才适用”才是现在选拔人才的原则。人才之所以不叫全才，是因为每个人都有自己擅长的一面，如果让他们承担全部的工作，肯定没有任何效果。

三百六十行，行行都有擅长的人才，同样每个岗位也都有适合的人才。企业在选用人才时，并不能一味追求条件最优秀的人才，而是要看谁最合适。合适的人才，才能在自己的工作岗位上踏实做事，让管理者放心。

郑乾新开了一家饭店，饭店规模不小，所以他发布了一条招聘员工的信息。因为开出的条件非常优厚，所以来应聘的人络绎不绝。郑乾每天忙着面试，没过几天，服务员和前台的岗位都招到人了，厨师也都就位了。最后还剩下一个会计岗位，没有人来应聘。

这一天，郑乾的亲戚给他打了个电话，说要给他推荐一个很厉害的会计，相信郑乾一定会很满意的。郑乾说：“让他过来面试一下吧，正好下午还有一个来面试的，两个人一起看看。”亲戚不以为意：“你还面试别人做什么，我给你推荐的这个人包你满意，最好的人才！”

下午，两个人同时来面试。郑乾先让亲戚介绍的人进来面试，一看这个人的简历，确实很厉害：会计专业毕业，中级会计师资格证，曾经在几个大型的企业做过会计、审计等工作。郑乾问他以前在公司里都负责什么业务，他也回答得头头是道。问他了解不了解饭店会计的工作，他表示没什么难的，应该都是一样的。

第二个面试者进来之后，把简历递给郑乾。这个人自学会计，没有资格证，以前的工作单位都是酒店或者宾馆。郑乾问他对于饭店的账务工作熟不熟悉，他表示以前都是他自己顶起来会计所有事务，应该没有问题。

大家都以为郑乾会用亲戚推荐的那个会计，毕竟他的各方面条件都比第二个面试者要好，结果郑乾却通知第二个面试者过来上班。亲戚听闻后不理解："我给你推荐的那个人还不够好吗？你怎么用了那个不是科班出身的会计呢？"

郑乾笑了笑："你推荐的那个人是很好，但是他从来没有接触过餐饮业，而且之前在大公司负责的都是某一项业务。我这个饭店就招一个会计，自然要招一个有过经验、什么都懂的人来。对我来说，只要是合适的人就可以，并不是要招那个条件最好的人，太高端的人才不适合我要招的这个岗位。"

鞋合不合脚，只有穿的那个人才知道。就像是一个打扮时尚的姑娘，她的脚型是宽的，但是偏偏看中了一双适合瘦脚人穿的鞋。那双鞋子是国际大牌，用料奢华，甚至上面镶着璀璨的钻石，在大家眼里，这绝对是一双最好的鞋了。这姑娘狠了狠心，花大价钱买了那双鞋，结果只穿了一次，脚就被磨得血肉模糊。企业招人才，实际上就像给自己挑选鞋和衣服，这个人才是用来干活儿的，而不是招来装饰门面的。

早年间宋杰白手起家，把一个小作坊慢慢地做大，最终成为一个大的集团公司。当宋老板变成了宋总，他的观念发生了改变。虽然他有经商能力，但是他并没有什么文化，纯粹靠自己的经验和头脑才把生意做好。因此，当他把企业做大之后，就一心想招聘高学历的高含金量人才。

但是他所在的地方并没有这种资源。他让人力资源的部门经理学别人进行全国高校宣讲，而且他亲自指定了几所大学，必须要招那几所学校的毕业生。他还经常通过同行打听，了解空降什么样的高管更有水平。为了得到完美高端人才，他不惜做挖墙脚的事情。

重金之下，他的公司很快就来了许多高端人才，宋杰把他们分派在各个岗位上，期待他们做出好成绩。

但是没过多久，他就发现他聘用的这些人才并不能安心在他的公司工作，他们要么水土不服，要么眼高手低，或者学得东西和职位完全不匹配。许多老员工也反映，这些新来的人才表现得还不如普通员工。

这让宋杰非常意外，原以为人才越是高精专越好，没想到他们也不是万能的。为了不影响公司的发展，宋杰听从人力资源部的意见，决定从自己公司里培养人才。他不选那些不稳定的、骄傲自负的高端人才，只培养合适的中等人才。

例如，公司有个员工小贾，他虽然学历不高，但是来公司时间久，踏实能干，对工作负责，责任心和工作热情都很高。宋杰决定把他列为重点培养对象，这让小贾感受到了公司的重视。他积极地完成公司的每一项工作，工作技能不断提高，很快就成为一个有担当的部门小领导。

宋杰看到了小贾的快速成长，再看看当初定义的最好的人才，对比后发现，一方心怀感恩地积极工作，一方是心猿意马地消极应对。他不由地感叹："人才不一定要最好的，自己培养最合适的人才，才是真正的用人之道。"

寻求人才，必然要以合适为主，只有符合职位的要求，才能符合企业发展的潮流。著名的联想集团招聘人才的理念也是如此，用就用合适的人，但这些人未必就是最棒的。

顶尖的人才总是可遇不可求，就算遇到也不一定适合所有的企业。管理者应该从自己手里的人才着手，说不定需要的千里马就潜伏在其中。就算没有千里马，踏实能干的马儿经过培养，也能跑得更快，取得佳绩。

Chapter 4 第四章

把沟通做好，才能把团队氛围调节好

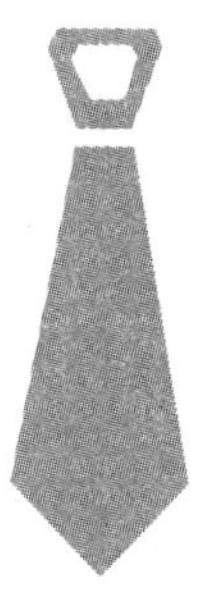

良好的沟通是管理者与员工之间感情联络的有效途径，沟通得好与坏，直接影响员工的使命感和积极性，同样也直接影响团队的实际效益。

只有保持沟通的顺畅，团队领导者才能及时听取员工的意见，并及时解决上下层之间的矛盾，增强团队的凝聚力。

第一节　没有沟通，管理就无从谈起

沟通是一门艺术，拥有良好的沟通能力，能帮助人们获得事业上的成功。企业中需要管理，更需要沟通。管理者要知晓员工的想法，不能靠自己乱猜，应该结合观察，主动跟员工沟通。不能做到正确的沟通，就没有正确的管理。

有效的管理，是为了圆满地完成工作。当上级向下属布置工作任务的时候，一定要做到让彼此都能领会对方。顺畅的沟通，既节省大家的时间，又能避免产生矛盾和问题。所以，对企业管理者来说，不管是做决策，还是分配任务，都是为了推进企业的发展。如果因为没有良好的沟通，导致工作在执行的过程中出现种种障碍，企业的损失将难以估量。

有一家企业的办公室着火了，于是管理者就对刚刚经过门口的员工说道:“快点儿，去打桶水来！”

这位员工一边走一边想，公司的水龙头在哪儿？水桶又在什么地方？经过多番思考之后，他想起在不远处的食堂有一个水桶，然后打算先拿水桶，然后到最近的水龙头打水，这样算下来会省去很多力气。但当他回头看了一眼办公室的时候，这下不得了了，管理者的办公室都起火了。

原来，当管理者发现火情之后，便马上要刚走进门口的员工拿水桶灭火，员工只知道执行拿水桶的命令，但是并不知道管理者的脑袋里想着什么，结果员工抱怨:“早知道要救火，附近就有灭火器，干吗要跑老远去拿水桶呢？”

管理者遇到火的时候，如果动动脑袋就会发现，救火并不一定要水，附近有灭火器，几分钟内就会消除火灾。

对企业的管理者来说，和员工们相互沟通是非常重要的，因为管理者要做出决策，就必须从员工那里了解到相关的信息，而沟通就成了两者最为重要的渠道。同时，在决策实施阶段，管理者更需要和员工沟通，别让自己成为企业的“沉默者”。

上述就是典型的沟通障碍的例子，这个例子表达的意思是，如果没有良好的沟通，那么就无法明白和体会对方的意思，最后的结果会是在工作过程中出现很多障碍，事情很难圆满地解决。

有一位知名企业家说了这样一句话，他说:“再好的想法、再有创见的建议、再完善的计划，离开了与员工的沟通都是无法实现的。”在现实当中，有很多的例子都阐释出了，如果工作中出现了矛盾和问题，大部分原因是由于沟通不及时或者缺乏沟通和交流。

企业管理者要想管理好人和事，就必须和员工们交流沟通。如果一个企业的上级和下级不能沟通好，很多有价值的信息就会被埋没，那么员工就很难把事情做好。

虽然企业领导日日讲、月月讲，但究竟有没有表达清楚是个问题。说话跟沟通是两回事，领导与下属的沟通直接关系到工作质量和工作效率。如果一个员工误解，可能是他自己的问题；但是如果多个员工先后都出现误解，导致工作出现纰漏，那领导就要找找自己身上的问题。

在企业管理中，有效的沟通能够增加管理者与下属的默契程度，提升集体的力量。简洁高效的沟通，可以团结公司职员，做出卓然的成绩。沟通是一盏明灯，照亮企业前行的方向。

第二节　主动沟通，打开那些“闷葫芦”

我们已经知道了企业管理中沟通的重要性，但是面对诸多员工，管理者还需要注意一点：让员工把心里话说出来。在企业里，有一部分员工擅长沟通，能够随时跟领导保持良好的互动；还有一部分员工性格沉默内敛，我们称他们为“闷葫芦”。这样的员工不擅长表达，尤其是在人比较多的场合中。但这不代表他们没有自己的见解，更不代表他们没有工作能力。

许多有能力的“闷葫芦”因为没有被领导发掘内在潜力，只能在普通岗位做着普通工作，这实际上是人才的浪费。管理者也许会感到头疼，但更应该想办法让员工有所表达，为企业的发展贡献智慧。退一步讲，如果因为交流不善，造成不必要的矛盾甚至冲突，让“闷葫芦”员工心生怨恨，就会造成严重的损失，而这种损失是可以通过沟通避免的。

赵悦在公司是一位老员工，来公司已经五六年了，身边的同事不断来来走走，唯独她们这一批员工还在这里。但是说到这里，赵悦就有些不甘心。当年跟她一起进来的小伙伴们，如今升主管的升主管，做骨干的做骨干，只剩下她一人，还是一个普通的员工。

当年赵悦来公司的时候，家里人都叮嘱她：“做人要谦虚谨慎，做好自己的工作就好了，别在大家面前出风头，万一得罪人就不好了。”本身赵悦就是一个内敛不爱说话的姑娘，如今听父母这么说，心里自然有了主意。

部门会议上，大家一起讨论项目，你一言我一语，讨论得十分热烈。赵悦坐在不起眼儿的角落，心里也有对这个项目的看法。但是每当大家问谁有想法时，她都不想当众说出来。最后部门主管问她有什么意见或者建议，她也是礼貌地摆摆手，说上一句“我没有什么意见，我听大家的”。公司会议上，大家要求每个人都说说对公司的看法和建议，别人都是长篇大论，讲出几条有价值的建议。而赵悦只是说几句客套话，就糊弄过去了。

时间一久，赵悦就成了一个可有可无的人。当然，领导安排给她的工作，她每次都完成得不错。但是在大家的眼里，她除了能踏实工作，并没有其他让人惊艳的表现，既没有领导才能，也没有新奇的想法。

两三年过去了，跟赵悦一起来的同事都升职加薪了，只剩下她自己在岗位上平凡地工作。有时候她也会反思自己，当初若把心里话说出来，也许现在就做着不一样的工作，也对得起自己计算机里存储的一个个关于企业和项目简介的文档。如今那些东西都成了讽刺一般，让赵悦心中颇为郁闷。领导不问，自己不说，工作何时才能更进一步呢？

这一天，大领导带了一个人到她们部门做介绍：“这是新来的李总，以后就负责你们部门的工作，以后大家多多交流。”这位李总看起来非常健谈，没几天，部门的几位员工都跟他聊得很好，大家都对这个新来的领导表示赞赏。

唯独赵悦还没有跟李总聊过天儿。李总是一个擅长沟通的人，他总能在员工身上发现亮点，并且弄清楚他们内心的想法。这样做的好处就是能迅速融入公司，了解员工，把握员工的心理，拉近彼此的关系。当然他也注意到了赵悦，阅人无数的李总一看赵悦就知道这是个“闷葫芦”，而且是个有想法的员工。

这天，他把赵悦叫到办公室，给她倒了一杯茶，开始聊天儿。李总跟赵悦说：“别看我现在挺能说的，以前我可是以沉默出名的。但有一次，我的工作成果被同事说成是他的，领导也相信了他，我觉得再不说出心里话，就太对不起自己的辛苦了。所以，从那以后，不管面对谁，我都要把我的想法说出来。看得出来你也是不爱说话的人，我看得出你有能力，就是不爱表达，如果你信得过我，可以说给我听听。”

这些话，从来没有人跟赵悦说过，她听了非常感动，决定把自己这些年积攒的想法都说出来，包括自己的职业规划、对部门和公司的建议等。李总听完之后，觉得自己果然没有看错人，赵悦的头脑冷静，有自己新颖的见解，协调能力也很强。这样的人，其实应该受到重用啊！

没多久，赵悦在李总的鼓励下，主动提出对几个项目的规划设想，竟然得到了大领导的赏识。没多久，赵悦也成了小领导，她感觉自己终于找到了正确的道路。

像赵悦这样的人才很多，如果没有管理者的开发与沟通，那么他们的才华就会被公司忽略，对他们本身也是一种遗憾。人尽其才的前提就是得到领导的赏识，可是如果他们不擅长表达，就应该被无视和抛弃吗？答案是否定的，管理层的存在，就是要从高层次对公司和员工负责。只有挖掘出员工的潜力，才是真正地充分利用人才。

因为不善于沟通，员工会把领导的好意当成对自己的偏见，怒气冲冲地工作，又会有什么好的结果？因为不善于沟通，员工之间会因为一点儿小事产生纠纷，这种工作环境，管理者是不是很烦心？正因为我们都清楚员工沉默的后果，所以更需要重视那些不愿意说话的沉默者。让他们主动张开嘴巴，积极地倾诉和汇报，对管理者来说尤为重要。

千万不要降低对沉默型员工的期望值，他们虽然话不多，但是能够在大局中保持冷静的头脑，一针见血地指出问题所在。他们很少置身办公室的是非之中，做起领导工作也容易得到支持。这样的人只是性格上需要领导者动点儿脑筋，并不是没有价值。

金子沉默不语，但价值存在，等待挖矿人的挖掘；人才沉默不语，但智慧存在，等待管理者的发现。管理者的慧眼和耐心，一定能让员工说出心里话，完成有价值的沟通。

第三节　不急不躁，化解员工心中牢骚

人有七情六欲，事有是非曲直。企业员工在工作的过程中，难免会产生消极情绪，其中就包括抱怨。在工作当中产生抱怨的原因很多，有人觉得自己的工作量大，难度高；有人觉得自己的工资太少，晋升也不如别的同事快；有种抱怨是突然性的，员工突然就会有各种不良情绪。前两种属于常规性的抱怨，只需要及时沟通安抚就可以解决；后一种抱怨则需要管理者及时应对，以免酿成大错。

面对员工的抱怨，管理者一定要及时沟通处理，这也是现代企业提倡人性化管理的原因。不注重员工心中的抱怨，员工的消极情绪得不到疏解，肯定会造成管理中的恶性循环。如果耐心交流，一则能够使管理者与员工之间的关系更和谐，

二则能够化解员工心中的抱怨，营造良好的上下级关系。

小叶毕业后应聘到一所很好的私立学校，为了能早些在学校站住脚，她决定好好表现，辛苦一点也无所谓。早晨她第一个到，除了准备好当天的课程外，她还将办公室打扫得一尘不染。晚上，她最后一个离开学校，整理好自己的教案，写下当天的教学心得，把办公室所用教具归位，全部整理好。

半年时间过去了，小叶的努力有了回报。首先，学生非常喜欢这个年轻又温柔的叶老师，她所教的课程学生们的成绩也不错，有了较大的提高；其次，同事对她的印象也非常好，她开朗活泼，乐于助人，什么脏活儿累活儿都抢着干，好多同事都从她那里得到过帮助。

小叶非常开心自己的表现能有人认可，不管是学生、同事还是学生家长，她都尽最大可能地去帮助他们。这么一想，小叶非常开心，觉得自己年底肯定会有一定的奖励，她非常期待工作后的第一个年度认可。

很快，年底考核来了。当结果出来的时候，小叶非常伤心，虽然她得到了相应的补贴，但跟所有的奖项都没有关系。有人获得了业务骨干奖，有人获得了教学能手奖，唯独没有小叶的名字。

她不能理解，耿直的性格让她马上就去找校长了。校长看见她来非常热情，让她坐下后，就开始表扬她：“小叶今年表现不错，你的成绩大家都看在眼里，明年要继续努力！”小叶听了当时就忍不住直接抱怨起来："校长，我今年真的尽力了，您也说我表现挺好的，但是为什么各种先进名额都没有我呢？"

校长笑了起来："你刚来，可能还不了解咱们评先进的条件。除了正常的教学工作外，老师们还要进行教学之外的任务，如做调研和学术。因为你刚来，所以首先应该把教学工作做好，下一步才能做这方面的工作。不过你确实是个尽职尽责的好老师，希望你继续努力，争取明年评上先进。"

听完这一席话，小叶觉得自己不再有怨言了。她向校长保证肯定会继续努力，不管能不能拿到先进，她都尽力做好工作。

不论是学校还是企业，只要存在工作和能力的评定，下属就会产生各种各样的抱怨。抱怨的原因很多，有人是出于嫉妒，有人则是钻牛角尖。不管是什么样的牢骚，企业管理者都不能选择无视，除非是没有道理的抱怨。千万不要认为员工的抱怨是没事找事，或者是他们心术不正。

放任员工心生抱怨而不理会有什么后果呢？一般情况下，员工希望自己的抱怨能得到关注，管理者能够给出合理的解释。领导的耐心解释能让他们的情绪稳定下来，继续自己的工作。如果放任员工的抱怨，而选择故意忽视，时间一长，他们辞职的决心就会越来越强。

关杰是一个企业管理咨询师，擅长解决企业人事上的各种问题。一次，一家企业邀请他去咨询问题。到了那里，负责人直接告诉他请他来的目的只有一个，就是研究为什么员工辞职率居高不下。要知道，员工的流动性大，对企业培养人才非常不利。

关杰在公司待了几天，细细观察之后，他发现了问题所在。这家公司有一些制度形同虚设，尤其是在维护员工关系上。例如，制度规定，部门领导要定时找员工谈心，了解他们的思想动态，但是从来没有领导这么做过；还有，在公司的茶水间有一个意见簿，大家可以匿名写出自己的问题或者困惑，虽然意见簿上密密麻麻地写了很多内容，可是没有人进行汇总和解决。

经验丰富的关杰找到了相关部门了解情况。果然，一切都如他判断的那样，许多员工都是带着怨言辞职的。找到原因，自然就好解决问题。关杰为这家公司制定出人性化的“倾听”方案，目的就是要公司领导重视员工的心理建设，及时解决员工的抱怨，让他们不会在恶性循环中最终选择辞职。

许多公司都希望自己的员工少说多做，毫无怨言，但企业用人要尊重其个性。人与机器不同，机器只要有动力就会不停地工作，而人类的创造性正在于他们的思想性。所以，作为企业领导，要想让员工稳定工作，就要学会稳定员工的情绪，了解他们抱怨的背后存在的问题，针对性地做出应对方案。

管理者的工作不容易，面对性格各异的员工，他们要敏锐观察、耐心关注，这能让公司的员工关系更加和谐融洽。重视员工的情绪是一项隐性投资，员工感受到被关注和关爱，定会报以真心的回报。

第四节　有效管理，有时只需耐心倾听

企业管理者在工作中，既要有会说的嘴巴，也要有会听的耳朵。如果在沟通工作中喋喋不休，只会说而不懂得倾听的力量，那么员工肯定会心生反感。

听是一门学问，做一个善解人意的听众，直接影响员工沟通的积极性。有领导能力的管理者会主动掌握听的技巧，如他们的眼神和动作，甚至听的姿势，都能传递出自己的态度。热切而又充满尊重的倾听，能够大大提高员工的自尊心。一次有效的倾听，甚至能够影响一个人的工作前途。

齐昊毕业后来到一家报社工作，他被安排做采编工作，说白了，就是出去采访，然后回来写成稿子。他大学学的专业是新闻学，所以写作对他来说没有问题。但是采访别人这项工作，对他来说却有点儿难度。因为他爱写不爱说，他不知道自己该跟别人谈什么。

工作的第一个星期，齐昊由一名经验丰富的老记者带着出去采访。这位同事是一个性格开朗的人，他反应机智，语

言幽默。每次去采访别人，他都能调动起对方的情绪，对方一高兴，说得多了，采访素材自然也就多了。这么一来，齐昊更忐忑了:“自己可不擅长聊天儿，应该怎么去采访啊?”

果然，当他独自出去采访时，并不是很顺利。他学着那位同事去提问，但是不擅长表达的他根本问不出特别有用的信息。尤其是他磕磕巴巴的表达，一副想活跃气氛的表现，让被采访者怀疑自己遇到了假记者。在这样的情况下，齐昊就算文笔再好，也写不出什么好文章来。

主编觉得很奇怪，面试的时候他看过齐昊写的文章，文章可以说是有深度，有文采。可是他现在的文章读起来干巴巴的，没有什么可读性。他决定把齐昊找来，问问情况。齐昊早就预料到领导会找他了，已经做好了被批评的准备。

两个人坐下来，主编就问齐昊:“你的文章我读了，能跟我说说是怎么回事吗?这可不是你的水平啊!”齐昊就一五一十地告诉了主编他的问题，主编听完之后，笑了笑，然后跟他说:“我给你讲个故事吧!”齐昊虽然不知道主编哪里来的闲情逸致，但他还是点了点头。

“你知道美国的威尔逊总统吗?他在任期间做出了不少成绩，是一个非常成功的政治家。像他这样的人，充满心机，通常很难信任别人。但是他对身边的一个副总统却十分有好感，这个人就是豪斯先生。按理说，能做到副总统的职位应该是很厉害了。但实际上，他并没有如威尔逊一般的政治才能。他之所以能够被信任并委以重任，是因为他是一个很好的听众。别人都希望在总统面前尽可能地多说一些，让总统知道自己的能力，可只有豪斯例外。他很少会夸夸其谈地说个没完，更多的时候他就是一个安静的倾听者。总统跟他聊天儿时非常放松，因为他看到豪斯睁大双眼、身体前倾的样子，就知道对方是非常尊重他的。他的表现，会让人产生强烈的倾诉欲望。就靠这一点，他就成为威尔逊总统最信任的副总统。”

看着齐昊听完如有所思的样子，主编继续说道：“你是学新闻学的，肯定看过白岩松的采访视频。他的采访具有强烈的感染力，但是他的话却不多。他只会在提出关键的几个问题后，就让对方说出自己的故事。有些人本来不想说那么多，但是看到白岩松专注而又充满疑问的表情，自然就想解释清楚。在解释的过程中，白岩松就得到了许多有用的信息。你也是一样。虽然你的表达能力并不是非常强，但是你可以发挥你的优势。刚才我一直在说，你一直在听，但是你在听的过程中，无论是表情还是动作，都能让我有说话的欲望。这一点你可以运用到你的采访中去。”

听完主编的话，齐昊恍然大悟，原来做记者也不一定要能说会道，只要足够真诚，做一个善解人意的听众，也完全可以获得同样的效果。再次出去采访，齐昊就转变了方式，做一个真诚的聆听者，果然收获多多。

善于聆听不是一件难事，只要能够放平心态，静静地把自己投入这场谈话中，就能拉近与对方的距离。领导对待下属也是一样，积极的倾听，是对下属的支持和赞同，能转变员工的态度，从而对管理者产生好感。

所有的工作都需要沟通到位，沟通过程中，有人说，就要有人听；只说不听，相当于做了无用功。倾听能让双方产生信赖，磨合彼此之间的矛盾，最终达到心灵上的贴近，打下良好的感情基础。

第五节　把员工的意见当成一件大事

孔子有一句名言说得非常好:“三人行，必有我师焉，择其善者而从之，其不善者而改之。”这句话是说，做人不应该骄傲自大，每个人身上都有值得学习的地方，好的地方加以学习，不好的地方自己即便没有也 要多加注意。

孔子生活在几千年前，他能悟出这样的道理，作为后人的我们，又怎能不虚心听教呢？每一位管理者都应该养成不耻下问的学习态度，对员工的意见，好的话就去学习，不好的话就要指出，如此才能抓往下属的心，与员工站在同一战线上。

可有些人会以“我吃过的盐比你吃过的米都要多”为托辞，拒绝员工的善意提醒。虽然领导的工作经验和能力都是积攒出来的，但未必就会什么都懂。只有不断地学习，才能提升工作能力。在这一过程中，员工们的意见是管理者进步的阶梯，切莫置之不理或是抛诸脑后。

比尔·盖茨是举世闻名的企业家，他创办的微软公司是世界上最大的计算机软件供应商。他年纪轻轻就成为世界首富，被许多人都树为偶像：他头脑聪明，智商情商很高，称得上是天才。许多人都觉得只有像他这么强大，才拥有足够骄傲的资本。是啊，他这样的一个人，难道还需要听别人的意见吗？还需要向谁学习吗？论事业上的成就，有谁能比得过他？

但是我们对他的印象都是如此表面，我们臆测着他傲人的资本与做人的态度，殊不知，私底下的比尔·盖茨却不是一般的谦虚。作为一个企业巨匠，很少会有人主动给他提意见。如果你认为他会就此失去进步的机会，那就是你的天真了，没人给他提意见，他就会自己主动找问题。

例如，比尔·盖茨有一项常规性的工作，要在各种场合去演讲。他的每场演讲，整个人看上去都自信满满，演讲内容精彩纷呈，甚至手势和动作也都非常到位。我们以为这是成功人士的标配，他们天生优秀，不管是工作还是演讲，理所应当表现得这么出色。

但事实上，比尔·盖茨每次演讲之前都要认真准备很久。秘书帮他写好演讲稿之后，他会认真地阅读并做批注，然后一次次地模拟演讲。到了演讲那天，演讲稿在他的脑子里已经倒背如流。

每一次演讲，他都会让秘书坐在观众席里。演讲结束后，他会问秘书自己这场演讲哪里表现得好，哪里表现得不好，这些信息他都会细细得记录下来。然后自己会总结下一次演讲的时候要注意什么，有哪些需要改进的地方。

依然我们常人的想法，他已经如此优秀，应该是无须再虚心学习了吧。恰恰相反，他学习的意愿远远超过我们的想象。他主动征求员工的意见，主动寻找自己与完美之间的差距，这一点让李开复无比钦佩。李开复曾在微软公司担任副总裁，他在微软公司工作期间，见识到比尔·盖茨的谦虚与进步，心生感慨。他甚至曾说："如果谁能够跟比尔·盖茨那样厉害，就有骄傲的理由。"可事实上，像比尔·盖茨这样难得一见的天才，更明白自己还需要不间断地学习。

现在很少有管理者可以跟比尔·盖茨比肩，因此更应该学习他的品德，做到不骄不躁，谦虚爱学。那么，管理者在企业里有什么学习途径呢？一是自身通过书籍知识库学习，二是通过重视员工们的意见改正自己的缺点。每个人都有优缺点，普通员工看问题的角度与领导不同，所提出的意见通常具有很强的建设性。如果能鼓励员工提出意见，并重点研究和分析他们的意见，这样就能够促使自己提升技能。

相反，如果企业领导唯我独尊，认为自己没有必要向员工学习，把员工真心提出来的建议当成废话，抛之脑后置之不理，那么结果会很现实。员工的意见没有得到正确的对待，久而久之，久会对领导产生看法，甚至会从心底产生抵触，管理者就会发现自己慢慢失去了领导力和号召力。此外，领导失去了一次次学习的好机会，这是更加可惜的事情。

孙总在一家大型公司工作，他就像《士兵突击》中的七连连长高城，带出了一批又一批有能力的人才，最后分配在各个工作岗位上，为企业做出了重要的贡献。几年之后，有些人就像许三多一样，其成绩甚至超过了高城。有人问孙总：“这些人都曾经在您的手底下工作，现在有些人的职位和薪资都超过了您，您有没有觉得心里不舒服？”

他听完哈哈一笑：“事实上恰恰相反。我没有觉得不舒服，反而非常高兴。我虽然比他们多来了几年，但是企业不是一个人的天下，而是一个庞大的组织。每个人有能力都应该去做他擅长的事情。这些人在我手底下工作的时候，每个人都给过我帮助。每次我征求他们相关意见，他们给出的答案都让我很惊喜。我通过这些意见，认识到他们的所长，自己的所短。所以，我愿意给他们更好的机会，更大的舞台，让他们去做他们擅长的事情。”

那人听了之后双手鼓掌：“你的这种想法其实更值得我敬佩。很少有领导肯在员工面前承认自己的不足，能做到重视员工的建议，就更不容易了。我也终于明白了为什么他们在升职之后还对您保持着敬畏之心。”

企业管理者要明白，再能干的领导都有自己的缺点。“不识庐山真面目，只缘身在此山中”，但是山外之人却把山看得很清楚。员工就像山外那人，能够帮助领导成长。所以，千万不要轻视员工的意见，那是职场中最为宝贵的东西。

第六节　清除沟通障碍，让沟通完美进行

沟通是一个目标明确、增强团队凝聚力的过程。良好、有效的沟通，是公司领导对下属员工关怀的体现，也是尊重的直接表现方式。

在电影《古惑仔》中有这样一个情景：香港每一区都有一个黑帮老大，这些黑帮老大的下面有很多左右手，而上面还有一个顶级老大。每次开会的时候，只有每一区的黑帮老大发言，底下的左右手们则没有发言的机会。

在这种等级严格的组织内，没有平等的交流平台，导致内部时常发生争斗。其实，企业管理也是一样的道理。员工作为企业的一员，自然想对公司提出自己的意见和看法，如果没有一个平台给他们，最后只会打击员工的工作积极性，造成企业委靡不振。

企业的员工组织是一个严密、整体的组织，企业中的各个部门、岗位都是企业链条中不可或缺的一个环节。因此，要想实现企业的发展目标，就必须协调各个部门、各个岗位之间的工作，以此来完成生产任务。这样一来，沟通就显得

极为重要。而要想进行有效的沟通，就需要以相互信任为基础，这就要求管理者信任员工，员工也能相信自己的上级。

小丫今年20岁，是一个文静乖巧的女孩，平时说话走路的声音都很轻。小丫本来是在企业做策划的，但是却被部门经理调去做销售。

小丫到了销售部后，一个星期下来，没有卖出一样东西。对此，部门经理非常生气，觉得小丫就是一个废物，对企业没有丝毫帮助。于是，小丫被无情地辞退了。

过了两年之后，商界出现了一个做策划的女强人，部门经理听说后，想出重金聘请。好不容易见到女强人后，才发现原来是自己曾经辞退的小丫。一个连销售都不会的小女孩儿，怎么会在两年之内跃升为女强人呢？

原来，小丫不是不会销售，而是很害羞，每每有顾客来的时候，她说话都极其小声，细声细语的让顾客很不习惯，所以没有卖出一件商品。小丫的这种性格只适合在企业背后指导、出谋划策，为企业想出优秀的方案。部门经理很是后悔，于是问小丫当初为什么不对他说留下来，小丫却说道："我需要的是一个平等的沟通氛围。"

从上面的例子中我们了解到，在整个过程中，全部是由部门经理占据了主导地位，小丫没有一点儿发言的余地。部门经理不给小丫说话的机会，又怎么能了解到小丫的真实想法呢？

如果在一个企业当中没有和谐的沟通氛围，公司的一些基本决策是不能很好地传达下去的。同时，公司下面的情况也就不能如实地向上层传递，公司内部的各个部门就会发生冲突，进而导致工作效率降低。

中国有句古话，叫做“相由心生”，说的是一个人如果拥有一颗正直、真诚的心，是可以从他的相貌、声音、说话语气等外在的表现展露出来的，无形中让人觉得容易被人接受，沟通起来就更加顺畅。在和下属交流的时候，企业管理者要注重诚恳的态度。中国有句俗话：“种瓜得瓜，种豆得豆。”你用什么样的态度待人，别人也就会用同样的态度待你。

要想建立一个具有合作精神的团队，首先就要建立一个平等、和谐的环境。要想在公司员工之中形成一种平等、和谐的沟通氛围，企业管理者就不要常常将自己摆得高高在上。平等的氛围能激发员工的活力，可以让员工知道自己的贡献已经得到上级的重视和认可，只有这样，员工才能更主动地承担更多的责任。

Chapter 5 第五章

激励与批评，恰到好处便百治百效

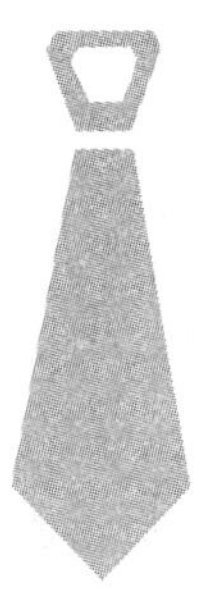

从某种意义上说，领导力的核心就是激励和鞭策下属。可以说，激励与批评下属的水平直接决定管理工作的成绩。

激励和批评是针对人的工作，这就要求激励与批评工作需要从人性出发，掌握合适的技巧和策略。

第一节 物质激励永远不会过时

“无利不起早”，这是凡人普遍存在的心态。大家朝九晚五，辛辛苦苦地打拼，为的就是一个“利”字。

所谓“重赏之下必有勇夫”，在物质利益的刺激下，人人都会奋勇争先。反之，没有利益的策动、驱使，有谁会拼命地帮你去做事呢？项羽的例子就清清楚楚地反映了这一观点。

项羽和刘邦是一对宿敌，两个人为了争霸三国，争斗了一辈子，最终以项羽的江边自刎而结束。有人说项羽的失败是一个偶然，如果能够做好军事谋略，也许就不会有这样的下场；不过还有一部分猜测认为，实际上是项羽的管理方式出现了问题。

陈平原是项羽手下的一名谋士，主要负责替项羽出谋划策。他跟随项羽的时间较长，对他的为人也十分了解。然而，就是因为他太了解项羽的性格，他意识到这个表面看起来爽朗的人，实际上并不是像他看起来那么大方。

项羽是一个很感性的人，跟他魁梧的形象并不相符。他看到士兵生病了会哭，眼泪流得又快又顺畅，让人觉得将军好善良，能够对手下做到感同身受。

可时间一久，项羽的表现却让大家越来越失望，最重要的一点就是他在物质奖励上十分吝啬。按照当时的规矩，士兵打了胜仗，属于死里逃生，理应好好嘉奖一番。除了升军衔外，也要给予相应的物质奖励。

但是项羽在这方面却特别吝啬，这两方面都做不到，既不授衔，也不加薪。如此一来，将士们的心里都非常反感。他看到士兵流血受伤还是会哭，但是却很少有人会被他的行为感动。他的名声也从柔情善良变成了薄情寡意。

陈平离开了项羽，转投到刘邦部下，在那里，他感受到了不一样的领导风格。刘邦赏罚分明，毫不吝啬，整个团队讲究抱团，战斗力自然高上许多；而项羽率领的部队对将军的期待变得很低，战斗力极速下降，乌江自刎，成为一代豪杰项羽的最终选择。

这个案例让人遗憾的同时，也不禁反思什么样的管理方式是合理的？物质激励到底需不需要？什么样的物质奖励才能让大家全心全意为企业？如果管理者坚持认为谈钱比较俗，那么员工可能会做出更“俗气”的选择——辞职。

员工的积极性是企业有活力的源泉，对员工来说，能看得到的物质奖励才是实实在在的激励。这种激励方式是非常有效的手段，领导可以得到员工的拥护，企业可以得到员工的成绩。这种你情我愿的“交易”，是员工最喜欢的交换方式。没有看得见、摸得到的利益，再激情的豪言壮志，说出来都会大打折扣。

赵浩是一家保险公司的业务员，卖保险赚提成是他工作收入的主要来源。作为上有老下有小的家中顶梁柱，赵浩来这里工作的原因，就是听人说这家公司的待遇非常不错。这让他毫不犹豫地来到这家公司，并且很快就通过学习和实践进入了工作状态。

业务员的工资包括两部分：底薪＋提成，所以卖得多就赚得多。赵浩第一个月的收入就颇为丰厚，第二个月业绩遥遥领先，第三个月就稳坐销售冠军。看着工资卡上的数字，赵浩非常满意现在这份工作。

很快，赵浩过了三个月的实习期，同时也迎来了公司的季度总结表彰大会。按照公司惯例，每到一个季度，公司都会拿出一部分钱奖励销售业绩排名靠前的员工。赵浩觉得这样的大会一般都没什么意思，按照他以往的工作经验，表彰大会顶多是发个奖状或者证书，发个生活用品，大家一起吃吃喝喝，就可以了。更何况他是新来的员工，这样的机会应该也不会轮到他的头上。

但是当天，当公司领导读出他的名字的时候，赵浩还是吃了一惊！他站起身来，在大家的掌声中晕乎乎地走向了领奖台，与其他两位领奖者站在一起。眼看公司领导过来颁奖，亲切地握手之后，给他颁发了一个证书，还有一个大大的红包！赵浩暗暗地摸了一下红包，感觉人民币张数应该挺多的。

下台后，他找了个没人的地方，打开红包，里面崭新的人民币散发出好闻的味道！赵浩看着这笔丰厚的奖金，心想：果然没来错地方，值得好好干下去！之后的他工作起来更加起劲儿，同事给他起了个绰号叫做“拼命三郎”。赵浩才不在乎什么绰号，他只想好好工作，挣更多的钱来养家！

工资、奖金是物质奖励的主要组成部分，管理者通过制定合理的职位晋升渠道、奖金发放标准，能够让员工为了切身利益而努力工作，自然就能贡献出所有的力量，为企业创造意想不到的业绩。物质奖励的效果之所以立竿见影，就是因为没有人会拒绝对利益的追求。

恰当的物质奖励，不但能更好地管理下属，也能激发员工的上进心和积极性。优厚的福利待遇，既能招揽人才，又能留住人才，还能激发人才的积极性。这样的效果，值得管理者用心体会其利益的强大作用，让员工看到前途，企业自然能有光明的未来！

第二节　关键时刻，送去一个意外惊喜

人人都喜欢意外惊喜，尤其是在工作中。大部分企业为员工设立的奖项是公开的，公开评奖，公开颁奖，因为这样的奖励看起来更具备公正性和激励性。通常获得奖励的员工，他们持续在一段时间内做出的成绩是有目共睹的，这样的人

才具备被奖励的资格。但是，由于公司人员众多，如果年年都是固定某些人拿奖，势必让其他员工产生不良情绪，这个时候该怎么办呢？

有的公司选择轮流拿奖的方式抚慰员工，本意是让大家都看到希望，不会产生怨言。但这种平均分奖的方式，基本上失去了设立奖项的意义，因为这样不会产生激励效果，反而会挫伤大部分人的积极性。所以，管理者要想带好团队，一定要学会选择不一样的奖励方式，如在关键时刻，送给员工一个意外惊喜。这种惊喜通常是在暗地里进行的，不会引起团队其他成员的不满，却会对受奖员工产生莫大的激励作用。

李建最近非常想离职，原因很简单，他觉得公司的奖项设置有问题。就拿他来说吧，刚来这家私企的时候，李建虽然是一个新人，但是绝对敬业和努力。他每天都早出晚归，各种活动都认真积极的参加，工作上勤勤恳恳。因为他想多赚点儿钱，不管是通过职位晋级还是奖金奖励，这是他拼命的动力。

但是一年过去了，李建发现这里的评奖制度不是看工作表现，而是看资历。公司人多，按照这种轮流拿奖的奖励方式，什么时候才能轮到他呢？这么一想，他的心态严重失衡，每天都想自己的付出没有回报，实在是不公平。

眼看工资涨得很少，奖金也不知道什么时候才能轮到他，这么干实在没有动力，他开始在工作中表现出消极和暴躁的一面，甚至偶尔也会在网上浏览其他工作，跳槽的想法越来越强烈。但是，李建内心又是一个负责任的员工，就算是心里有情绪，他也会把自己分内的工作做好，这一点他非常有原则。

就在李建处于这种左右为难的时刻，部门领导让他到办公室来一趟。李建忐忑不安，以为自己最近的状态不佳被领导发现了。他在领导面前坐下后，领导说道："来咱们公司这么久了，你的工作表现大家都看得到，很好！但是你肯定也有情绪，按照你的表现，应该拿奖金才对呢，工资也应该大幅度晋升。"李建听了这话，仿佛内心的小秘密被人看透了，脸一下就红了。

正当他低头不知道该如何作答的时候，面前出现了一个大大的红包，那是领导递给他的！李建疑惑地抬起头，看着领导，不知道该不该接。领导笑着说："快拿着，这是我特意给你准备的。公司这种奖励方式我也不赞同，就应该谁表现好谁拿奖，怎么能排资论辈轮番来呢。但是这种制度上的事情，意见归意见，真的要改正会非常麻烦，只能先委屈委屈你啦。不过这个红包你该拿着，因为你的表现我心里有数。"

接过红包的李建特别感动，虽然这听起来有点儿夸张，但是那一刻他知道自己的努力没有白费，领导看到了，也记在心里了。这个及时的大红包，绝对是对他工作成绩的肯定，自己又有什么理由离开公司和领导呢？他怀着感恩的心情向领导表达了谢意，将红包小心地藏起来，走出了办公室。

从那之后，李建又跟刚来公司的时候一样，充满了干劲儿和希望。因为他知道，那次意外的红包事件足以给他希望和前行的动力！

偷偷给员工一个意外惊喜，是非常特别的奖励方式，而这种没有规律可循的奖励，能够增加员工的工作积极性。首先，它可以用来激励员工某一阶段的努力，也可以在特殊的节日里对员工的付出表示酬谢，从而达到针对性奖励的效果；其次，这种隐蔽性较好的激励方式可以避免员工之间的明争暗斗，拉近领导与被激励员工之间的关系，团队凝聚力更强；最后，大家在暗地里得到了奖金，都感觉自己是得到特殊奖励的那个人，自然会对领导充满感激和敬意，在这样的情怀下，大家会更加卖力地工作。如此一举三得，何乐而不为呢？

日本有一位管理高手信治郎，他特别精通激励员工的办法，而且把奖励的管理手法运用地出神入化。他给员工发奖金的方式就十分特别，甚至能够给员工带来心灵上的震撼！其中，有一个“一波三折”的故事非常出名，咱们一起来看看。

信治郎手下有一位新来的员工的，在他到来的第一年时间里，销售业绩就很好，为公司带来了不少利润。此人工作卖力，抱怨甚少，被信治郎看在眼里，十分喜欢，他决定好好奖励这位员工。

年终大会之后，他把员工叫到办公室，开门见山地说：

“你今年业绩不错，公司决定奖励你个人一个红包！”然后把红包递给了员工，这个人非常高兴地接过来，说完“谢谢”准备离开。

谁知领导突然问：“你今年出差的次数多不多，在家陪妻子的时间有几天？”员工诚实地回答：“我陪妻子的时间加起来不会超过十天，一直都在出差。”信治郎听后非常诧异，马上又拿出一个红包递给员工：“妻子如此支持你的工作，这是她应得到的奖金，请转交给她。”

员工意外又惊喜，接过红包刚要转身出去，他听到领导又问：“你孩子今年几岁了，你这个做父亲的有没有好好陪他？”员工小声地回答：“我儿子才六岁，今年也没怎么陪他。”信治郎又从抽屉里拿出一个红包递给他：“这是给你儿子的奖励，请帮我转告他，他的爸爸非常伟大。”

这个员工眼含热泪，接过红包，最后一次准备鞠躬告辞。没想到信治郎又问道：“你和父母今年在一起待了几天？有没有做到孝敬父母？”员工听后内疚地回答：“今年一直出差，没有跟父母见面，平常也就打打电话问候一下。”信治郎听后十分震惊，从抽屉里又拿出一个红包，起身交到员工手里，握住他的手：“你父母真的非常伟大，感谢他们为公司培养出你这么好的职员，抽时间我一定要去看看他们，这个红包是我对你父母的谢意。”

员工此时已经泣不成声，他抽泣着对信治郎说：“多谢公司和领导的奖励，以后我会做得更好！”

从中是不是看出来信治郎特别擅长这种意外奖励？他本可以在大会上对这位员工进行表彰，但是他没有这么做，而是私底下奖励人；他本可以把四个红包合并到一个红包中，告诉员工这是他的奖励，但是他也没有这么做！问及家人的奖励方式实在高明。

所以，管理者可以借鉴信治郎的管理方式。一旦采用意外奖励，通常会让不设防的员工瞬间被善意和激励所打动。这种惊喜能够起到非常强烈的激励作用，也是提高员工忠诚度的好办法。

不要质疑这种奖励方式会消耗公司资金，因为奖励可大可小，可长期可短期，可根据公司具体情况灵活操作。但是，不管红包大小，给员工的惊喜不变，工司也因此收获多多，这种方式值得管理者推广和应用。

第三节　最好的激励，是满足员工内心需求

企业要想长久顺利地发展下去，必须依靠公司的人才，因为人才是企业向前发展的保证。管理者都知道教育员工要以企业为家，但是究竟如何才能让员工有这种观念呢？在企业中，激励的方式有许多种，但是最好的激励方式，就是及

时地了解下属的需求，并帮助他们解决难题，满足员工内心需求。如此一来，员工感受到公司的关心和温暖，自然可以做到与企业共进退。

管理者经常跟下属沟通，做到认真倾听员工的需求，展示自己真诚，对双方来说都十分重要。这种沟通可以了解员工的思想动态，掌握他们的内心需求，探知他们在生活和工作中的难题。这样做能更好地激励员工，让他们与企业一起更好更快地成长。

美国沃尔玛董事长山姆·沃尔顿的领导理念就是要关心员工，帮助员工。他告诉那些中层管理者们，员工不仅是员工，他们更是企业的合伙人。对待合伙人，一定要给予足够的尊重和了解，为他们解决难题，就是为公司解决难题。

有一次，沃尔顿工作到深夜，完成一天的工作之后他准备步行回家。当他路过公司的发货中心时，发现装卸员工跟沃尔顿一样刚刚完成工作，他就停下来跟他聊了聊天儿。

“这么晚了还在工作，是不是很辛苦？”沃尔顿问他们。

“辛苦算不上，这是我们的工作。但是，每次干完装卸工作后，都会满身大汗。这里没有可以冲澡的地方，回家洗澡睡觉会吵醒家人，不洗的话又满身臭汗，实在不知道该怎么办呢。”沃尔顿听了点头表示同意。

随后几名员工就满身大汗地回去了，但沃尔顿却没有离开。他在周围仔细转了转，发现这个地方可以建几个浴室，给员工洗澡再合适不过了。

回去之后，他马上草拟出方案，一直忙到天亮。一大早，沃尔顿就召开了中层会议，并将昨晚的经历讲给大家听，最后把建浴室的工作分派了下去。会议的最后，他这样说："我们要做的，就是深入每个地方，听听我们的员工，也就是我们的合伙人的想法。他们的主意、他们的抱怨，都是我们工作中需要改进的地方。"

所以，沃尔玛公司能够连续五年都列入世界500强，与这家公司的管理方式是分不开的。尊重员工的想法，满足员工的需要，才能激发员工内心最大的忠诚度。企业管理的最终归宿点是点燃员工的工作激情，以企业为家，发挥自己最大的潜能。

像沃尔顿这样的管理者，能够主动问询员工的需求，积极处理问题，这样的做法是对员工莫大的激励。如果员工不善于表达内心的需求，管理者也置之不理，就会为企业的发展埋下隐患。

有一家公司最近搬到新厂区了，公司的乔迁之喜本来是件好事，但是许多员工却产生了怨言。原来新厂区虽然建得宽敞明亮，却在偏僻的郊区。公司开通了班车路线，但是站点设立得不科学，许多人从家中出来都要步行很久才能到站点，这样的早出晚归让员工感觉十分疲惫。

时间久了，大家说都跟领导反映一下吧，改善一下这种情况。不同部门的人通过自己的渠道反映上去，却收效甚微。有些领导听完觉得这不是大事儿，员工自己克服一下就好了；有的领导听完哈哈一笑，告诉员工就当锻炼身体了。总之，没有一个领导真正地解决问题，也没有人认真理会员工的需求。

不到半年，这家公司就有许多人辞职了。他们到了别的公司，虽然这些公司也设立在郊区，但是班车车次多，站点相隔也很近，非常方便。偶尔有员工住的偏远些，公司也会合理多增设几个站点，这让员工上下班非常方便，满足了员工的小小需求，员工的流动性就低了许多。

有时候物质奖励并不能解决所有的问题，因为员工是有个人感情的，除了物质需求外还有其他要求。人都有遇到困境的时刻，困境不同，需求自然也不一样。管理者想要获得足够的领导力，就要根据下属的不同需求，做不一样的支持工作，如此才能轻松地带好团队。

晓琳在一家教育机构工作，由于工作多是面向孩子，所以公司里女性职员非常多。晓琳在公司工作几年后结婚，婚后不久就怀孕了。跟所有同事一样，她休完产假就来上班；跟所有哺乳妈妈一样，她需要备奶给孩子喝。

但就算公司里女性居多，晓琳也不可能在大庭广众之下挤奶，她需要一个干净又封闭的空间。可是她到处找，除了厕所，也没有找到合适的地方。无奈之下，她跟自己的领导反映了这个问题。

意外的是，领导居然狠狠地嘲笑了她一番：“你来公司这么久了，居然不知道咱们公司早就给哺乳期妈妈设置了母婴室？”晓琳感到非常奇怪，就问领导：“我怎么没找到啊，这一层楼我都找遍了呀。”领导说：“不在咱们这一层，在楼上舞蹈室旁边的屋里，那里人少不会被打扰，你就放心在上面给孩子备奶吧。咱们公司女员工多，你不是第一个遇到这个问题的，很早之前，有几个女员工一反映，公司就专门腾出房间来，解决了大家的后顾之忧。”

当晓琳坐在母婴室的时候，看着干净的环境，舒适的座椅，干净的小桌子，内心突然觉得公司是如此的人性化。能在这个公司工作，她觉得非常感恩，因为公司领导都在尽量满足她们的需求，这是尊重，更是信任。

员工的需求，其实就是管理者的需求。相互帮助的状态能给下属带来足够的安全感。所以，若管理者大方地伸出援手，就能满足下属的需求；管理者遇到困难的时候，团队成员竭力支持，还有什么问题解决不了呢？

第四节　理性批评，只对事情别对人

人非圣贤，孰能无过。企业员工不是完美的人，他们会出错，会犯错，这是不容置疑的。并且，在工作中还有一句话叫作“做得多，错得多”，经常犯错的人，正说明他们承担的工作也比别人很多。当员工犯了错后，管理者应该怎么做呢？视而不见听而不闻肯定是不可取的，科学的批评原则要记住：只对事情别对人。

作为管理者，心胸要更宽广，能包容下属的错误。同时，更要拿出气魄来，对待犯错的人一定要批评，否则管理将毫无底线。所谓理性批评，并非是管理者盛怒之下的苛责，或者是个人情绪的发泄。员工犯错是因为工作，那就针对工作上的疏忽进行训导，而不是对着这个人一顿劈天盖地的批评。

李蒙在一家网络公司工作，他对服务器业务非常精通，因此被公司领导任命为服务器部门负责人，主要职责是保证服务器正常运行。领导还是很有眼光的，李蒙的工作能力非常强，在他的领导下，他们部门几次都悄悄解决了小危机，没有影响用户的使用。

但是，网络公司想要发展，只靠稳定服务器显然是不够的。因此，公司的销售部门不断地跑业务，争取增加公司的客户量。有一次，李蒙发现服务器的稳定性越来越差，他顶着压力紧盯了几天，想好好地写个报告给领导，并提出了相应的方案。

就在这个时候，销售部的负责人过来告诉他，刚谈成了一个大客户，又要增加一个新的网站。李蒙一听头都大了，按照现在的状况，服务器已经不堪重负，再上一个网站，有可能会产生崩溃的危险。但是他也知道，这个客户能给公司带来巨大的利润，不能拒绝。在销售负责人的要求下，李蒙还是答应了。

可没过几天，服务器就开始出状况了，服务器频繁出现不稳定的现象，已经影响到客户的使用。没办法，他身为负责人，必须有决断：紧急下线！就算他知道自己会因此摊上大事儿，也不能再耽误了。

果然，公司领导召开了紧急会议，专门针对这次事故。在会上，李蒙头都不敢抬，满脸羞愧。领导在提到这次事故时，果然提到了他："李蒙经理，你的工作职责是保证服务器的稳定运转，现在出现问题，你应该好好反省反省自己的工作方法。"李蒙红着脸直点头，他还是不敢看领导，因为他觉得这个心平气和的开头肯定是个引子，真正的狂风暴雨还在后面呢，他已经做好了被批得体无完肤的准备。

可所有人都没有想到，领导对李蒙的批评已经结束了！他话锋一转，开始部署工作："虽然出了问题，但现在不是批评或者追究责任的时候，咱们时间很紧张，赶紧想想下一步怎么办吧。李蒙，你这里有什么好的提议，现在说一下。"李蒙早就想好了应对方案，他在会上详细地说出了解决办法。期间他偷偷地观察领导的反应，不是乌云密布，也不是眉头紧锁，而是对方案的点头和赞许，这让他非常意外。

领导高度评价了李蒙的方案建议，随后大家开始讨论最终方案，这让李蒙松了一口气。但他还是非常惭愧，总觉得自己愧对领导的信任。

事情完美解决之后，领导把他叫到办公室，笑呵呵地对他说："好久没杀一盘了，咱们今天再来一次？"李蒙看着领导的脸不解地问：“您不怪我了？我的失职给公司造成了损失，是我的错误。”领导很奇怪地反问他：“你还想着那件事呢？不都圆满解决了吗？我这个人一向是对事不对人，你应该知道啊。”

看着领导风轻云淡的脸，李蒙突然觉得自己非常幸运，他为自己能遇到这样的领导而感到幸运。是啊，谁能不犯错？职场如猎场，但是有这样一个豁达理性的领导，还有什么理由不尽职尽责地工作呢？

面对员工的错误，许多管理者都不由自主地想发火。但是切记：火气和批评仅仅是针对错误，而不是员工个人。万万不可恶语相向，借机重罚。这样做，势必会伤害员工的自尊心，从而使员工产生诸多怨愤。

但是能做到理性批评也并非易事，对事别对人除了要求管理者胸怀宽广外，还要求管理者掌握一定的方法。首先，当员工犯错时，批评的重点应该是个人的行为问题，而不能上升到人格上的评价。其次，盛怒之下，必会出言伤人，管理者也要学会控制自己的情绪，如果控制不住，就可能会出现严重的后果。良好的沟通，既能指出事情的问题所在，又能给员工面子。再次，就事论事，不翻旧账，不牵涉别人。犯错属于偶然事件，也属于个人行为，所以批评要有针对性，不要因为个人失误而责难整个团队。翻旧账也是不可取的行为，指责升级，由事对人，就是这种关联性批评导致的。

三国时期的刘备虽与张飞和关羽结拜为兄弟，但是关张两人犯了错误，刘备一样严惩不贷。但是惩罚过后，三人感情依然如故。员工犯了错误，应该受到管理者的批评，但这种批评也是有原则的。通俗点儿说，这个原则就是“有事说事”，这样事情既能得到完美的解决，员工的积极性也不会被严重打击。

人犯了错误可以解决，但如果因为批评错误而伤了人心，可就再难复原。不要以为一时的发泄会解决问题，批评的目的是让犯错的人得到教训，而不是将人一棍子打死。理性的批评，能最大程度地解决问题。

对事别对人，是管理中的一剂良药。管理者应既能让员工感受到良药苦口，也要让他们谨记教训，避免下一次犯同样的错误。而这种批评的方式，已经被许多管理者掌握运用。事实证明，如此批评，员工和企业的关系会更和谐，企业也能蒸蒸日上。

第五节　高明的批评，就是一种高明的激励

作为企业的管理者，需要掌握表扬激励的艺术，也要明白批评的力量。对员工只激励不批评，员工永远不会知道自己身上的缺点，同时也会影响管理者的威信。适当的批评能帮助员工进步，体现管理者的洞察能力和沟通能力，树立自

己的权威。但是批评要分低级和高级，低级的批评让人反感，高级的批评则是一种激励。

有些领导喜欢批评员工，并且不分场合、不分方式，导致员工自尊心受到严重伤害，也会激起他们的逆反心理。如此一来，批评根本起不到任何激励作用，只会弄巧成拙，让员工产生惧怕或者逆反心理。所以，领导要学会批评，善用批评，让高明的批评鞭策员工积极进步。

拿破仑是 19 世纪法国伟大的军事家，他天生具备领袖能力，带领士兵发动了许多场战争，创造了法国历史上的奇迹和辉煌。在拿破仑的领导生涯中，他善用表扬，更精通批评的艺术。这种能力不仅让他的属下受益，还激发了一个素昧平生的男孩儿的勇气。

那时候，拿破仑已经是法兰西的皇帝，闲暇之余，他喜欢拿着枪外出狩猎。有一次，他正在狩猎，突然听到有人在喊“救命”，而且是一个稚嫩的声音。他赶紧到处寻找，看是谁遇到了什么危险。找了一会儿，他才发现在一条不算宽也不算深的河流中，有个小男孩儿掉在水里了。那个男孩儿看上去非常害怕，所以他不断地呼喊着。当他看见拿破仑的时候，仿佛看到了救星：“求求您，快救救我，我快被淹死了。”说完，他眼巴巴地等着拿破仑跳到水里，把他救出去。

结果，这个男孩儿完全想错了！他看见拿破仑端起了枪，瞄准他，大声呵斥道：“你自己爬上来，爬不上来我现在就一枪毙了你！”小男孩儿惊呆了，他还没被淹死却要被这个怪叔叔打死？他愤怒地拼尽所有力气，又是爬又是游，居然很快就上岸了。不过他还是非常生气，他抹了一把脸上的水，生气地质问拿破仑：“你不救我也就罢了，为何还要开枪打死我！”

拿破仑哈哈一笑：“我不这么说，你能爬上来么？你这不是游得挺好的吗？为什么要靠别人来救呢？如果我跳下去救你，你可永远都不知道自己还可以这么厉害。以后记住了，再遇到这种情况，要自己救自己。”

拿破仑这种威胁别人的做法，实际上就是一种高明的激励方法。他给了小男孩儿求生的压力，激发了小男孩儿的求生欲望。以后他再遇到这种情况，也不会默默等人来救，而是自己给自己施压，不再惧怕危险。

管理层应学会运用拿破仑的这种逆向激励方式，促使员工突破自己的心理障碍，做到知耻而后勇。不要害怕这样的批评和逆向激励会对员工内心造成伤害，因为种种实践效果表明，有方法有尺度的批评，会帮助员工看清自己的不足。他们看到自己的缺点与进步的空间后，领导施加的压力也能变成他们进步的动力，这样的能量转化显然对员工是有利的。即便他们在接受批评的时候会产生一丝的负面情绪，但能看到自己的成长，也会完全忘记当初的小情绪。

小青和小野是一对好朋友，她们也是广告界的同行。两个人业务水平相当，每次圈里有活动，两人都会被邀请去当评委或者是参谋。小青快人快语，说话爽直，每次出席活动，她都要跟主办方说好久，但是基本上都是一些奉承的客套话；而小野则性格内敛，被邀请当评委的时候，她也会适当地发表自己的建议，这建议大多是指出其中的不足，讲究方法和态度的她，既给对方留了面子，也表明了自己的态度。

时间久了，小野被邀请的次数越来越多，地位也越来越高；而小青则慢慢被大家遗忘了，即使有时候被邀请，也只是以普通嘉宾的身份参加，表明活动方并不看重她。

小青不明白，她找到小野问道："真是奇怪了，早几年咱俩一起出席活动都是一样的待遇，现在可倒好，你成了红人，我却被淘汰了，你说说这是为什么？"小野笑了笑："我觉得这可能跟咱俩发表意见的方式有关吧，你擅长表扬，我喜欢批评，他们听赞美听得多了，自然想找找被批评的感觉，这样才有进步的空间。"小青很奇怪："你批评他们，他们都不会生气吗？"小野摇摇头："我的批评，其实就是一种鞭策和激励。虽然我是指出其中的缺点，但是我会把握好尺度，不会打击到他们的积极性，反而能刺激他们更进一步。"小青听后若有所思："原来是这样，看来我也要学学如何批评了。"

人生来都带有骄傲的心性，但是不知道自己错在哪里，如果一直骄傲下去，怕是永远也无法进步。员工的工作如果停滞不前，肯定是管理者没有及时点醒他们。大家都在这种你好我好大家好的环境中工作，又怎么能提升个人能力呢？

"你怎么能犯这个错误呢，要知道你的水平远不止如此。""虽然你已经尽力了，但是在我看来，这还不够，根本没有体现出你的实力。”“再不加把劲儿，今年的奖金可能跟你无缘喽。”……谁说批评就一定是严肃的训斥？想要高明地激励员工，先学会批评，这可能是管理生涯中最重要的一课。

第六节 你给员工真诚，他会还你忠诚

俗话说：“人心都是肉长的。”员工到企业工作，除了赚钱养家，更希望在企业中寻求到归属感。什么样的行为会让员工感受到关心和关怀呢？那就是情感的真诚性。许多人看悲剧会哭，看到街头乞丐会伤感，说明人都是情感动物。在企业中，如果管理者能用真诚的态度对待员工，员工会感到温暖，从而把公司当成自己的家，用自己的全部能量守护公司的光芒万丈。

现代企业竞争残酷，许多管理者都忙于制定公司的发展大计，而忽略了对员工的心理关注。虽然他们按时发薪水、发福利，但仅仅这样还不够。员工除了物质上的期待外，还希望感受到来自领导层的精神关注。这与金钱无关，却比金钱更有价值。真正愿意花时间去了解、帮助员工的管理者，会发现员工会加倍报以忠诚。

杨成是一家广告公司的销售，在公司几年他一直勤勤恳

恳，业绩一直都不错，经理交代的事情也能完成得很好。杨成觉得自己的工作做得还算可以，经理对他们也公平公正，这就够了。反正他们也从来没有出过纰漏，经理对他们也能说得过去。

但是，谁成想没多久他就真犯了一个大错！那天本来是高兴的一天，杨成又谈成了一个大单子。他拿着对方盖完章的合同，兴致勃勃地交给了经理。经理没多看，就报给大领导了。大领导看完，一个电话打到经理这里，生气地质问："这是谁做的合同？没发现价格算错了吗？怪不得客户急着签字，你这经理都没仔细审审吗？"这突如其来的劈头盖脸的批评，让经理无从解释。

随后，公司 OA 上发布通知，扣除了经理当月的奖金，并让他弥补过失，重新去签这份合同。其实大家都知道这是杨成的过失，大家都猜经理会不会把怨气都撒在他头上，杨成也是惴惴不安。

不过经理什么都没说，只是让杨成带他一起去了客户那里，俩人花了好长时间请求客户，客户才答应重新签一份价格正确的合同。在回去的路上，杨成非常不解地问经理："经理，这都是我的失误，您为什么不跟领导说清楚呢，他又批您又扣您的奖金，其实这跟您没什么关系啊。"经理笑着摇摇头："你跟着我工作，叫我一声经理，你犯的错其实就是我没有把好关，与其两个人一起受罚，还不如我自己顶着呢。以后细心点儿就好了，别放在心上。"

杨成内心泛起波澜，想想他自从来到这个部门，经理虽然话不多，却对他们一直很宽容，也教会了他们许多东西。现在，杨成又从经理身上知道了什么叫作担当。还有什么理由不好好工作呢？唯有尽职尽责，做出成绩，才不辜负经理的这一番真诚待人之心。

君子之交，自然是要投之以桃，报之以李。管理者先迈出真诚的一步，关心公司的员工，拿出真心对待别人，换来的必然是对方的真心。有人质疑，我关心过下属，也替他们承担过过失，为何不见他们的忠心和拥护呢？管理是一个长期的过程，冰冻三尺非一日之寒，交换真心更是一场持久战。不要以为一次握手和拥抱就能见真心，急于求成反倒显得虚伪。耐心地等待，从点滴做起，总会守得云开见月明。

海尔集团总裁张瑞敏一生在激烈的商场拼搏，最终把海尔集团做到极致，在世界诸多同类竞品中稳扎稳打，站住了脚跟。许多人会想，他这样的大老板，手下员工千万人，是不是根本没有时间和机会关心员工呢？他的心思应该更多的是用在了集团发展的谋划中吧。但是，真正懂得善待员工的人，千方百计也会挤出时间关心自己的员工。

张瑞敏曾说过一段话，值得各位管理者细细领悟，他说：“人心是这个世界上最无价的东西，花再多的钱也买不来。而要赢得别人的心，只有拿自己的心去交换。这跟谈恋爱是同样的道理。要想让员工更加真心地为你做事，企业的管理者就必须惦记着自己身边的员工；要想让员工对企业负责，企业就要首先热爱自己的员工。”这是他的肺腑之言，也是他的管理理念，更是海尔集团屡创奇迹的原因。

1998 年的春节，家家户户都在家里过新年，刚下过一场大雪的外面天寒地冻，鲜有人迹。突然一阵敲门声响起，屠武铨一家很是惊讶：“大过年的，会是谁呢？”他们打开门一看，门外站着的居然是海尔集团的总裁张瑞敏！张瑞敏拱起双手，祝他们过年好。屠武铨这才明白，总裁这是给他们拜年来了，屠武铨只是公司的一个小班长，而集团总裁竟冒着严寒和积雪亲自来了！

一家人将张瑞敏迎进家门，请他坐下。屠武铨的父亲已经 72 岁了，老人家激动地握住张瑞敏的手，跟他说家里几口人，工作单位情况“这些年除了您，还真没有单位领导来家里拜过年！”

而屠武铨回忆起来更是激动地不能自已：“我是公司第一批被任命为自主管理班班长的，这对我来说已经是莫大的鼓励，更没想到总裁能在新年来我的家庭拜年，这是对我和我们班组的重视。我在这里表态，一定会做出最好的产品，不辜负总裁对我们的期望！”

在海尔集团，像屠武铨这样的员工有许多。他们都在自己的岗位上兢兢业业多年，无怨无悔地奉献青春，贡献智慧。为了钻研新技术，他们三班倒，吃住在公司；为了开发市场，他们做好每个细节，不分昼夜。有人疑惑，为什么好的员工都去了海尔？答案非常简单，海尔的领导都遵循张瑞敏总裁的管理理念：企业说到底是由人组成的，管理说到底就是借力。

用真心对待员工的领导，更容易做出成绩，因为团队中的成员都能团结一致，为了工作目标齐心协力。付出真心就能感受到拥护，大家在融洽的氛围中工作，企业也会从中大受裨益。人心如微光，用心呵护方能照亮整个世界。

Chapter 6 第六章

授权与控权，关键在于找平衡

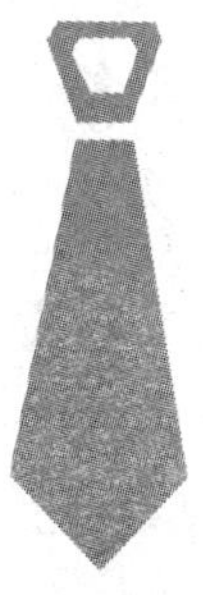

从长远角度来看，管理者大事小事一把抓，会阻碍下属成长，剥夺下属独立解决问题的权利，长此以往，下属就会变成事事处处“听命令、等指示、靠请示”的“应声虫”，失去了主动性和独立性。因此，管理者必须会授权，当然，也要懂控权。

第一节　不懂授权，你就自己累到死

每个企业中的员工都会议论领导，对领导的“点评”无非就是业务能力和管理能力，其中，领导的管理能力更容易引起员工的注意。一位领导，如果总是躲在办公室发号施令，就会拉开与员工之间的距离，给人一种高高在上的感觉，员工心中会有所抗拒。但是，如果身为领导总是事无巨细，员工也会觉得不舒服。

有些领导特别喜欢“深入群众”，哪怕一张复印纸之类的小事也会过问，让员工觉得时时处处受到约束。换种角度来看，如果事事过问，那身为领导得有多累呀！在基层工作时，就踏踏实实工作；提升为领导之后，就要舍得将自己的权力放出去，能将授权与控权的尺度把握好，就是管理者的能力了。

斯坦夫先生 40 岁时，被一家公司特聘为业务经理。他一直对自己要求很严格，他觉得领导者必须成为员工的楷模，只有这样才能建立一种理想的、不仅仅依靠制度的管理秩序。所以，为了给员工树立榜样，也为了感谢公司对他的器重，斯坦夫每天都很认真地工作着。但他的认真却引起了员工的反感。

斯坦夫先生总是把榜样力量记在心里，所以无论公司的大事小情他都喜欢管来管去，他想以自己的勤奋带动员工的努力，从而提高公司的业绩。但事与愿违，他事无巨细地指挥并没有带动员工，反而使员工的激情减弱，只有斯坦夫先生成了公司最忙碌的人，而员工们则成了“撞钟的和尚”。

公司的业绩越来越差，让斯坦夫感到了巨大无比的压力，他不明白为什么自己做得这样出色，员工却不像他期望的方向发展。他不但没有改善公司现状，反而使问题更严重了，这让他很自责，便向董事长提出了辞职申请。

董事长知道斯坦夫是一个很有责任心，也很努力的人，不明白他为什么带不好团队，于是，他便在公司展开了调查。了解清楚原因之后，董事长将斯坦夫叫到办公室，准备提点一下他。

董事长问：“你前些日子递交了辞职信，你能告诉我是什么原因吗？”

斯坦夫低着头，充满歉意地说：“我们做了很大努力，可我们部门的员工却总也提不起精神来，我很迷茫。”

“不是员工的问题。”董事长笑笑说，“这是你自己太‘努力’了，你想一下，如果我把你的工作都做完了，你会怎样呢？”

“我太努力了吗？”斯坦夫不解地问。

“是的，这件事很好解决，你将你大量的工作分给下属去做，按照难易程度分给不同的人，并告诉他一定要出色地完成任务，如果遇到困难无法解决时再来找你。”董事长说。

“啊？这样就可以吗？”斯坦夫充满了不解。但董事长让他就按自己的话去做，看看效果如何。

一段时间后，斯坦夫明显地感觉到，他布置给下属的任务越多，自己就越轻松，越能思考有关公司发展方向的问题，而下属们的工作积极性也明显提高了。季度末时，斯坦夫的部门为公司交上了一份满意的答卷，业绩飞速提升。

斯坦夫也从中找到了技巧，他知道了给什么样的员工分配什么样的任务才能够完成得更好，同时也创立了部门特有的一套明确详细的奖惩制度。员工们的工作热情更高了，公司的业绩也节节攀升，到了年底的时候，他们部门从上到下都收到了丰厚的年终奖。

斯坦夫最初的做法是每个初做管理者的人常犯的错误，不敢放手让员工去做，自己就会变得很忙碌，而员工找不到存在感也就变得懈怠。所以，身为管理者要学会授权，将自己的权力授给下属，只需要做一个监督者，不能事事动手。

诸葛亮是一个很聪明的人，但却不会做一个领导者。他可以为蜀国出谋划策，帮着打江山，但却不会守江山。他的一生都“事必躬亲，呕心沥血”，为什么这么累？只因他不放心，不放权，以至于他死后导致“蜀中无大将”的危机，逐渐走向没落。

如果我们注意一下员工的聊天儿内容，就可以听到一些对领导的议论。例如，有人说:“我们领导什么都管，真烦人。”有人说:“我们领导看不到人影儿，有事找他也找不到。”还有人说:“我们领导不错，该管的管，不该管的从不管，而且遇到困难时找他他还随叫随到。”这时，人们都会对第三个人投去羡慕的眼光。

的确，身为管理者不能专权，要适当放权，不要让下属变成了听令的机器人。如果下属们习惯听令，就会失去独立解决问题的能力，变成事事处处“听命令、等指示”，失去主动性和独立性。久而久之，他们便不再用心工作，因为“反正有领导的安排，怕什么！”领导一声令下，他们就动起来；领导不发话，他们就坐等下班。

美国著名的管理顾问比尔·翁肯提出过一个十分有趣的理论——“背上的猴子”。其中，“猴子”指的是企业中员工的任务，比尔·翁肯说，管理者想要做好管理工作，就要让不同的员工背上不同的“猴子”，然后让他们各自喂养，他们便会为了背上的猴子更强壮而想尽各种办法，工作热情、责任感也就因此产生了。在这个过程中，管理者的授权及“量人授权”很重要。

好的管理者需要向大家证明的不是自己多“有才”，而是如何让团队更“有才”。授权，是一种减轻自身工作量的方法；授权，是一种培养员工责任心的手段；授权，更是保证企业长足发展的管理策略。

第二节　权力下放后，就不要处处插手

授权是以对员工的高度信任为基础的，接受“权力”的员工也会因被信任而更加努力。可以说，授权是一种智慧的用人之道。它既能让管理者的才能得到充分的发挥，更好地维护企业的运作；又可以锻炼下属的能力，为企业培养出优秀的高素质、高能力人才。

但是，有些领导者却对“授”出去的权一直耿耿于怀，甚至还时不时地“过问”，给人一种总被牵着一根绳子的感觉。更像很多溺爱孩子的家长，把孩子放在幼儿园中，自己却在幼儿园外一待就是一天。这种看似放手的“放手”，对人对己都是一种伤害。

春秋战国时期，魏国的国君魏文侯招募贤才，他打算发兵征讨中山国，却一直没有找到合适的领兵之人。

这时，有人向他推荐了一位叫乐羊的人，有人说他文武双全，是打下中山国的不二人选；也有人说他不适合，因为他的儿子乐舒如今正在中山国做大官，他又怎么可能起兵打自己的儿子呢？

魏文侯听了一些意见后，就派人对乐羊进行了调查。调查的人回来后，告诉魏文侯，乐羊的儿子的确在中山国当官，但他儿子奉中山国君之命向他发出的邀请都被乐羊一一驳回

了。不仅如此，乐羊还总是劝儿子不要追随荒淫无道的中山国君。

最终，魏文侯重用乐羊，命他带兵去打中山国。

乐羊领命后，带着一支部队去攻打中山国，但是到了中山国都城外，他突然命令士兵们按营扎寨，并下令全体将士按兵不动，只围不攻。

这一围就是好几个月。与此同时，魏国可以说是闹翻了天，很多老臣都对乐羊的做法不满，有些老臣还在魏文侯面前说乐羊假公济私，根本就是辜负了魏王的好意。

但是，魏文侯却没有听从老臣的奏请，非但没有为难乐羊，反而保证了乐羊的后方补给，还不断地派人去慰劳乐羊。

又一个月过去了，乐羊在一个雨夜突然发动进攻，中山国国君还没来得及准备就已经被俘虏了。

此役过后，魏文侯亲自为乐羊接风洗尘，宴会之后，魏文侯送给乐羊一只箱子，让他拿回家再打开。乐羊回家后打开箱子一看，里面全是自己攻打中山国时大臣们诽谤自己的奏章。

乐羊哈哈大笑，对魏文侯更加敬佩，也更加用心地辅佐。

事件过后，我们观其全局，知道乐羊是在等敌人麻痹，寻找更好的作战时机。但当时人们对乐羊的做法却是很难理解的，所以才会有了那么多反对之声。面对这些异议，魏文侯真是一个坚定的人，既然权力已经转交，既然信任乐羊，那就要坚持下去，这便是“信人之术”的真实运用。

古人说："亲其师，信其道。"同样的道理，如果将权力给了下属，就要相信他能做好这件事，千万不要权力下放，却总战战兢兢，对下属的做事方法、风格等指手画脚。这种"半授不授"的管理方式是最不可取的。权力给了下属，却担心下属能力不够而将事情办砸，所以虽然权力转移，却还是亲力亲为。这样不仅会使下属的能力发挥受阻，更会使人们质疑管理者的能力、人品、为人处世的方法等。

人的精力是有限的，所以一名企业管理者要学会合理地分配权力，让大权握在自己手中，而小权可以放手"授权"给自己信任的人。这种管理结构就像一把伞一样，管理者是伞柄，而下属就像是伞上的支撑杆，当伞打开时，只要支撑杆的一端不离开伞柄，无论伞张得多大，最终都可以收回来。

人的能力是有限的，哪怕你再"日理万机"，想要把所有的事都照顾周全，也总会有疏漏。但如果能够将权力合理地分给下属，每位下属分到的管辖范围不多，且都有能力将它们做好。当他们完成任务，每个人拿着最美的汇总表交给你时，你只需要将汇总放在一起就完成工作了。

一种是抓全面，眉毛胡子一齐，无法顾全；另一种是打开计算机，汇总个表格就完工了。你会选择哪种领导的工作方式？当然会选择第二种了。第二种不仅省时省力，还可以达到最完美的效果。这便是"授权"的管理方式，好的管理者不能把权力都集中在自己一个人的手中，而是应该授权给下属，自己则以权统人。

诸葛亮是中国老百姓非常推崇的智者，他智慧超群，在战争方面是个天才，他的空城计、草船借箭等故事为世人广为传颂，自己也是屡获战功。

但是，读他的《出师表》你不难发现，那个“鞠躬尽瘁，死而后已”是多么悲惨。用老百姓的话来说，诸葛亮是被活活累死的。因为他虽然是一位机智百出的专业型人才，但却是一位失败的管理者。

诸葛亮处理国家大事，日理万机，事必躬亲。人的精力是有限的，即使再聪明也不能承受无休止的劳累呀！当然，诸葛亮也曾经授权给别人，如他把自己的很多治国之方和经验传授给了姜维，让其可以为自己分担。

但是诸葛亮的表现却是始终放心不下，授权的时候“半授不授”，诸葛亮并没有因为“授权”而变得轻松，同时姜维也始终不能放开手脚大干一场。

最终，诸葛亮死后，刘禅突然没了依靠，如天塌一般。当年雄心勃勃要光复的蜀汉也最终化为梦幻泡影，付诸历史长河之中。

其实，仔细思考一下，管理者的“授权”总是中途流产是有一些客观存在的原因：首先，管理者对下属不放心，想让自己变轻松，但却对下属的工作能力不放心，所以无法完全“授权”；其次，管理者的私心也会影响“授权”，有些管理者会觉得，如果下属将工作做好了，领导知道后会直接提拔下属，自己失去进阶的大好机会。特别是一些自私的人，更是不想让员工“出风头”。

身为企业管理者，如果想要“授权”，就要“授”得彻底，真的放开手，放开心，别总是担心这个，担心那个。俗话说：“用人不疑，疑人不用”，既然已经授了权，就要相信下属能把这件事做好，没了你的约束，可能下属会做得更好呢！你已经成为团队领导人，那上级所看重的并非是你的业务能力，而是如何用人的管理能力。

第三节　大权要独揽，小权只监管

“授权”并不是将所有权力下放，一个开明且睿智的管理者是很懂用人之道的。理论上来说，“授权”想要达到平衡，就要有一个尺度——小权下放，大权紧抓。能否把握好这个尺度取决于管者理的能力高低。用一句最通俗的话，放权也得有个权限，放得多了权力被占，放得少了自己吃累。

一个准确把握放权尺度的管理者，会让自己的工作变得顺畅。放权处理得好，毫无疑问，将会推动企业向前快速发展，更可以很快地为企业培养出一批又一批有能力的管理者；相反，如果乱授权力，将会造成恶劣的影响和难以弥补的损失。

放权要慎重，张明毕业后自己创业，依靠他出色的业务能力，他很快积攒了一笔财富，成为远近闻名的“大老板”。

他一直觉得自己是一个很开明的人，也懂得如何合理地驾驭下属。他每次向下属交代任务时总是会说：“这个任务就全拜托你了，你看着办，不必向我请示，有了结果告诉我一声就可以了。”

但是，一段时间后，张明突然发现自己的权力放得并不是那么理想，很多人最初办事还算得力，但时间一长就会变得很混乱，出现这样那样的状况。他一直很疑惑，却不知道问题到底出在哪里。

下属们对他的问题症结所在却很清楚。最开始张明授权时，下属们会觉得老板如此信任自己，一定要把事情做好，所以会很尽心地工作。同时，下属们的权力变大，自然可以放开工作，不会有拘束感，不会觉得被束缚住了手脚，可以完全按照自己的意思去做这项工作。在这种基础上，下属们自然会出色地完成工作。

但久而久之，下属们就开始懈怠，因为老板每次都说：“有结果告诉我一声就好了。”下属们就会想：老板对这项工作要的只是结果，而且看老板不在乎的态度，这项工作并不怎么重要，否则他怎么一点儿也不紧张？我就只需给他结果就行，至于好与不好，反正老板也不重视，没什么太大关系。

还有一部分下属看到老板如此处事，便动了歪心思，有的甚至还将客户资料偷出去卖。一段时间后，张明的公司出现了问题，业绩严重下滑，很多有才能的人带着客户资料跳槽，公司眼看就要倒闭了。

张明就是很典型的失败案例，他这种不负责任地放权，不仅不能完善管理工作的职能，很好地激发下属的创造性和积极性，更好地带动企业的发展，反而引起了很大的负面影响，对企业造成难以估量的损失。

“用人不疑，疑人不用”是管理者必须具备的素质，但如何用人不疑就是管理者一定要学习的管理技巧了。回望古代王朝，多少帝王失败在了“放权”的问题上呀！因此，为了吸取前朝的教训，后世王朝制定了很多防止权力失衡的制度。例如，宋代时选皇后，就特意“选于衰旧之门，庶免他日或挠圣政”。目的就是防止外戚拥权太多，威胁皇权。明朝时的科举一直抑制“官二代”，目的也是防止世代为官，家族壮大，从而有了觊觎帝位的心。

管理者就像一座大水坝的闸门，不经常开闸泄洪不行，大量的洪水流不出去会把整个水坝冲垮；但是如果总是大开闸门，那么水坝将会失去它应有的作用。所以，最直白地告诉管理者一句话：权要放，但大权一定要紧握在手中，小权可以分给下属。

所以，管理者在将任务交给下属时，可以这样说：“这个任务交给你来做，你可以全权负责项目的研发、生产及后期的销售，这个过程中，你可以将需要调配的人员名单交人事部门审核批准，原料的供给及机器的使用全部由你来安排。每周工作会议时可以给我交一份工作进度的汇报，以便你日后更好地开展工作。当然，如果遇到棘手的问题，可以通过我的授意，我给你提供帮助。总之，我要的是最好的结果。”

这样的安排，既能保证下属能够不受拘束地开展工作，又能使管理者大权在握。管理者要想带好一个团队，管理好一个企业，就要学会放小权，并且通过下属部门与部门之间的制衡、定期汇报等一些手段将大权稳握手中。“因事择人，视能授权”，企业自然会向你所想的方向发展。

放眼身边的管理者，有的人看起来整天无所事事，企业却蒸蒸日上；有的人忙忙碌碌，企业却丝毫不见起色。这便是管理者的管理才能的最大化外放。试想一下，如果你将任何细枝末节一股脑儿地交给下属去处理，而你自己则是品茶赏月，清闲自在，岂不是很好吗？

那哪些权力要放，哪些权力不能放呢？看那些古代皇帝就可以明白了，皇帝不可以放兵权，因为这类大权一旦丢了，国将不国，社会也会动荡不安，甚至皇帝能不能保住帝位也不敢说。因此，皇帝可以信任大臣，给他们足够大的权力，让他们帮助自己治理天下，但大权还是要握在自己手中。

管理者也是这样，一些涉及全局问题的、组织决定的目标、方向和重大政策等，都不可轻易授权；而工作中细枝末节的小权力就可以完全下放给下属，让他们也在工作中获得成就感。手握大权，下放小权，向帝王借成功之剑，在办公室坐观风云变幻，岂不乐哉？

第四节　授权明确，切勿越级管理

中层管理人员是企业的框架结构，但他们时常会被一个问题困扰，这个问题就是下级的越级汇报和上级的越级管理。跳过自己的顶头上司向上一级汇报工作是一个新入职员工最大的忌讳；而作为一个管理者，越过中层直接管理员工也是一个大忌讳。

在现代化的企业当中，管理层级一定要明确，正常的管理需要管理者在下达命令和管理指令时按照管理层级逐级进行。但是，在实际的管理过程中，很多管理者却往往喜欢跨越管理层级进行越级指挥，对下属的下属指指点点，还挂个“提高管理效率”的名头，这样只能使管理层级混乱，自己疲惫不堪，从上到下人心不聚。

李桥是一位资深职业经理人，经常被一些遇到困难的企业聘用，以快速解决一些问题。但是，最近他就职的这家企业却让他陷入了苦恼中。

这家企业将他放在了在副总的位置上，想让他帮着管理一个组织机构中遇到了问题，公司内部人员混乱，有些人直接将亲戚安排到公司。但一年过去了，问题并没有得到实质性的解决。

原因就在于，公司领导虽然聘用了他，但他的工作却无法有效开展，因为领导一直越级管理，原本应该李桥安排的任务，领导总是替他做，导致员工们在汇报工作的时候，直接跳过他而去找领导。李桥在副总的位置形同虚设，别说组织机构无法调整，就是连开展普通的业务都十分困难。

李桥的两年合同马上到期了，但企业的内部问题并没有解决，领导想挽留李桥将问题解决掉，但李桥却执意退出了。虽然没有拿到奖励金，但李桥真的不想在那么压抑的环境中工作了。

其实那个公司并不是人员出现了问题，而是领导本身就有问题，既然聘用李桥来解决问题，就要将权力下放给李桥。然而，领导喜欢越级，员工也喜欢越级，这就给了那些投机钻营的人创造了机会，使正常的管理工作难以进行，使原来的工作计划难以有效地执行。同时，还会出现信息紊乱的现象，企业内部“小山头”林立。

试想一下，如果你身为管理者，常常越过下属直接将员工叫来，会出现什么情况呢？你的下属就会想：“领导为什么不直接将任务交给我？是不是我哪里做错了？还是想要提拔谁？”从而陷入疑惑中而无心工作。那个接到任务的员工也会想：“呀？难道领导要提拔我？还是我们头儿犯了错误？看来领导想让我顶替头儿的位置了，所以才不将命令传达给别人而直接传达给了我。”在这样的揣测中，企业人心惶惶，谁还会安心工作呢？

或许经过这次事情之后，员工就会不再听从上级的指挥，而将自己的地位提高，心中充满优越感和荣誉感，感觉受到了上级的青睐，已经高人一等了。如此一来，他的直接上司在他面前哪里还会有威信和权威？

一旦管理者在下属面前失去了威信和权威，那么他以后的工作指令将很难再顺利下达。下属们会对管理者的指令提出质疑、评头论足、迟疑执行，更有甚者会产生对抗情绪。长期发展下去，企业自然就会出现组织结构混乱、工作混杂的情况，也就很难良性发展下去了。

狮王是狮群中地位最高者，它拥有绝对的权力。

一天，它的肚子饿了，本想找个下属给自己打只野羊回来，但负责这件事的狮子外出办事去了，没有在他跟前。它心血来潮，独自走到一个强壮的年轻狮子跟前对它说："孩子，我看你身强体健，一定很勇敢，我肚子饿了，你去给我打只野羊回来吧，我会为你加油的。"

那头年轻的狮子看了狮王一眼，似乎有什么话想说，想说什么却又没有说，低头跑了出去。半天过去了，年轻的狮子还没有回来，狮王等得有些着急了，便派副手去寻找。

副手也是一只成年的雄狮，他了解了具体事情后，叹着气说："陛下，那头给您打猎的狮子可能回不来了。它前几天被野羊的角给刺伤了，伤口刚刚愈合。我原来是想让它多休息几天的，可是……它不能违背您的意思，不过这个时候它很难斗得过野羊。"

果然，正如副手所说，那头年轻的狮子没有回来，它在猎杀野羊的时候被野羊踢到了伤口上，一命呜呼了。

这便是越级管理的最大危险之处。身为管理者，如果越过属下去管理，你并不了解每个员工是什么样的人，他们的特点是怎样的。所以，你的越级管理就会乱用人，用错人。你的随意指派，使员工不敢说或者不能说“不”，但他们可能并没有做好这项工作的能力，这就形成了一个恶性循环，企业管理也就越来越乱。

身为管理者，将下属用好管好，放权给下属让他管理好自己的员工，忍一忍想要越级管理的心。哪怕你看到某个员工能力偏差或者优秀突出，可以将降职解聘或者升职加薪的想法告诉你的下属，他是更了解员工的人，而且这些消息从他的口中说出会更好。

既然身在高位，就不要俯身太过，人的腰如果过度下弯，腿就会失去平衡，那整个人就会摔倒了。

第五节　下放权力，不等于做甩手掌柜

领导管理员工就像放风筝，你可以任意让风筝在蓝天翱翔，也可以让它随风打转，也可以飞得更高，但始终不能松开手中的那条风筝线。风筝线断后，风筝或者高飞而去，或者翻滚掉落，这时它也就不再属于你了，也证明你真的不会

放风筝。

一个企业，无论大小都是要分管理层级的，身为管理者，想要轻松可以放权，将权力“授”予中层管理者，中层管理者也可以将权力分配给员工，形成一个企业金字塔分支管理图。但是，在授权过程中一定要将大权握在手中，不能放任自流，下属的任意行事都可能会破坏平衡，使企业陷入危难之中。

提到高尔文你可能不知道，但提到摩托罗拉你一定会知道，它是世界知名的电子企业，而摩托罗拉的总裁就是高尔文，他是摩托罗拉创始人的孙子。

高尔文总裁性格温和，待人宽厚，在下属们心中印象极好，同时也是下属们公认的好领导。也正是这样的好领导，曾经犯下了因为授权而放任自流的错误，导致摩托罗拉付出了惨重的代价。

1997 年，高尔文坐上了摩托罗拉总裁的位置。那时候高尔文的管理理念是：作为一个企业的高级主管，想要看到下属们的发展，就决不能束缚他们的手脚，需要给予他们充分的权力，让他们无后顾之忧，大胆地去做，大胆地去尝试。

但是，令他没有想到的是，2000 年以来，摩托罗拉的市场占有率、股票市值、公司获利能力都直线下降，摩托罗拉在手机产业中的占有率只有 13%。

要知道，高尔文接手之前，摩托罗拉可是手机行业的龙头，现在的业绩下滑得让人惊讶。对比当时逐渐强大的诺基亚，摩托罗拉的业绩简直是惨不目睹。

2001 年，始料未及的打击又来了，高尔文连连败退，第一季度的业绩创下了首次亏损的历史新高纪录。美国《商业周刊》对高尔文的领导能力进行综合打分，结果分数也是极低，高尔文陷入了苦恼中。

有一次，摩托罗拉的研发团队准备推出一款叫作“鲨鱼”的手机，这款手机是为了摩托罗拉进军欧洲而准备的。

工作会议上，一些员工提醒高尔文，欧洲人喜欢轻巧、简单的机型，但“鲨鱼”手机机型过于笨重，而且价格与其他同类手机相比也不太合适。

高尔文问负责项目的公司高层主管：“市场调研结果真的支持这个项目吗？”

销售主管说道：“是。”

高尔文点点头，就再没有进一步的讨论，直接让经理人推出了“鲨鱼”手机。

结果可想而知，“鲨鱼”手机在欧洲市场上昙花一现，既没有给摩托罗拉公司创下名，也没有赢得利。人们只能感叹，这位龙头可能真的是年龄大了。

高尔文开始反思自己，他终于认识到问题的症结在于他授权之后的监管不得力。高尔文对下属实行充分授权的措施是积极的，但是他授权之后并没有对下属的权力进行科学监控。

原本一周一次的高层主管会议，他改为了一个月一次；

给下属的电子邮件中，大都讲的是如何平衡工作和生活，而没有关注企业销售额的问题。下属拿到权力之后，大多开始比较谨慎，但后期就越来越肆意妄为，甚至公司内部还形成了一些小团体、小支派，一些部门与部门之间也出现了不良竞争。

特别是当下属做法出现错误时，他总是顾及下属曾经跟着爷爷工作，或者下属曾经有过哪些功绩而不去干涉，同时也是为了下属的面子着想，他看到错误时也觉得无伤大雅而放任自流。

不仅是销售、生产部门授权过宽，他甚至连公司的人事、财务也放了权，这个尺度就太大了。人事与财务是一个公司的核心所在，无论对哪个部门放权，公司的人事情况和财务状况也必须心中有数。

面对竞争激烈的电子行业，高尔文终于清醒过来，他开始对公司内部进行调整。高尔文开除了首席运营官，告知公司六大事业部门所有的问题都得向他报告，特别是人事和财务有任何变动都要及时汇报。同时，他还恢复了每周和企业的高层会议，对一些“长老”级的员工进行了安抚式敲打。

就在高尔文对“授权”加强了防范和监控的情况下，他终于力挽狂澜，公司终于出现了起色，业绩也在稳步上升。

对下属放权的确会使人们有被重用感而更加努力工作，但放权过宽，放任自流对企业则是百害而无一利的。所以，为了把握好授权的尺度，作为管理者需要做的就是做好监管，掌握科学的监控方法，防止权力肆意发展。

春秋时期，齐桓公得到了管仲的辅佐，齐国成为众多小国的佼佼者。

随着齐国实力的增强，齐桓公越来越重用管仲，他觉得管仲的权力还不大，所以想给予他更大的权力。于是，管仲的地位自然也是越升越高，齐桓公还尊称他为“仲父”。

这时，齐桓公还是觉得重用不够，于是对大臣们说：“管仲的才能你们都看到了，我打算给予他更大的权力，赞成的话就站在寡人的左边，不赞成的话就站在寡人的右边。”

大臣们纷纷做出了自己的选择，大部分人站到了左边，他们中有的人认为既然王上重用，我们有什么话说；有的人觉得管仲有才，自然要重用。还有一部分人站在了右边，他们认为管仲现在的权力已经够大，没有必要再放权。

但是，还有一人站在了中间，他就是大臣东郭牙。齐桓公觉得很奇怪，问：“你为什么站在中间？”

东郭牙说：“大王觉得管仲可以靠着他的智慧平定天下吗？”

齐桓公点点头。

东郭牙又问：“那管仲具备成大事的决断能力吗？”

齐桓公想都没想又点点头。

东郭牙这时坚定地说：“既然大王认为他有平定天下和决断大事的能力，那还不断地去扩大他的权力，难道您不认为他是一个危险的人物吗？”

齐桓公沉默了一会儿，觉得东郭牙的话很有道理，于是就让鲍叔牙、隰朋等人与管仲同列，牵制管仲。

整个齐国就像一个企业一样，管理者如果给下属的权力过大，就会让他们生出不臣之心。因为凡是人就都是有欲望的，而且大都是为了满足欲望而活的，有的人因为自身性格、品质、社会道德、法律法规等外在因素而可以很好地平衡心中欲望的扩张。但是，如果这个欲望扩张到一定程度，而又没有外在干扰制衡时，自身便难以把控了。

也就是说，如果管理者将权力无限制地赋予下属，就会导致他被欲望所控。下属私欲膨胀，想要的越来越多，轻则使企业出现拉帮结派的现象，给管理带来弊端；重则导致下属篡权，管理者及企业都岌岌可危。所以，齐桓公听取了东郭牙的建议，采用了相互制衡的方法，使齐国及自己都得以平安。

当然，不是所有的授权放任自流都会导致下属野心膨胀。其实，在企业中最容易出现的是权力放任自流后引起的“狐假虎威”“狗仗人势”的事件。下属会因为权力而自以为比其他同事高上一截，由于虚荣心作祟，会对同事的工作指指点点，给予过分批评，最终会让普通员工不满，与被授权人形成一种敌对的状态。如果企业中多了这样的团体，不要说让企业再创新高了，能让企业平稳发展都是难事。

总而言之，授权不可任意而为，权力放出后一定要及时监管，防止被授权人任意而为。授权不能放任自流，管理者一定要记住两个非常重要的词——监控、制衡。

第六节 充分授权，让下属对自己负责

随着企业越来越大，人员越来越多，企业管理者哪怕本事再大，也不能对公司的每一个人做到心中有数，监管得力。当一己之力不能管理好一个企业的时候，就要授权。其实，无论我们怎样防范，授权不当都只是外在因素的压制，最根本要解决的还是让被授权的下属明白自己的权限范围，并对自己的权力负责。

因此，管理者一定要为企业建立相应的健全的授权制度，让每个员工都有自己的工作职权，同时也要让每一个被授权的员工知道自己的工作责任，这样他们才能为自己的权力负责。这就好比流水生产线，每个小组的工人都只负责一项任务，最后质检时如果产品的哪一项出现问题，就会直接找到这个小组，所以小组的工人都很认真，因为他们无法逃避责任。

小张是公司销售部的员工，他在销售这一行做了好几年，工作经验十分丰富。但是，就在小张正得意扬扬地准备升职加薪的时候，问题来了。

因为一时的疏忽，小张将去年年底的压货当成了工厂刚

生产的新货物，并且按照订单要求发放到了客户手中。结果公司接到了无数投诉电话，买家们大呼上当，纷纷要求退货，公司的信誉也大打折扣。

当然，他所在公司的总经理是一个很负责的领导，总公司前来质问时，总经理将责任都揽了过去，主动向总公司写了道歉信。总经理的这个做法让小张又是内疚又是心痛，公司例会上，他主动站了起来，承担了这个责任。

总经理说：“小张，总公司那边已经对我处分了，所以你不必再提这件事，以后将工作做好就可以了。”

“不！”小张坚决地说：“我的职责是负责销售，对货物进行分发是我的权力，也是我该干的。既然出现了严重的错误，我就应该对此负责。”

总经理笑着拍了拍小张的肩膀，说：“我没有看错你，我们公司就是需要你这种对权力负责的员工，一次错误不代表什么，希望你以后努力。”

在以后的工作中，小张再也没有出现过问题，一年后他顺利当上了销售部长，薪水也提高了很多。

人在有了权力之后，难免会变得浮躁，心理也会有些许变化，就像小朋友买了新衣服后，就迫不及待地想要穿出去显摆一样，所以管理者授权之后要对下属进行必要的“追踪”，一旦出现错误，马上纠正。经过一段时间，下属的心理平稳后，你会发现放权又“控”人的方法既不影响下属最大限度地激发出身上的工作潜能，又可以很好地抑制下属内心权力的膨胀欲望。久而久之，管理者就可以放心大胆地放权给下属了。

让被授权者清楚地知道自己的权力是什么，要负什么样的责任是管理者的首要任务。要让他们清楚地知道，权力握在手中不是用来炫耀的，也不是那把高高在上的交椅，权力越多，需要担负的责任也就越多。

李梅在某公司担任整合产品部的经理，她可以说是全公司中最年轻的经理了，刚刚 22 岁就已经有了可以左右公司发展的影响力。

当人们羡慕李梅的好运，问起她为什么升职如此之快时，她说："我刚刚进入公司的前半年，自己所处的环境就像是一团毫无头绪的乱线，公司里面所有的事情都要自己亲自来做，上级领导也很少实地来指挥，所以出了问题就要自己来承担。"

李梅想起当时那个场面，到现在还令她不敢回首。李梅喝了一口水，继续说："所以，我做事情很用心，因为没有人替我出头，也没有人给我顶雷，再苦再难也得自己负责。"

也正是因为这份坚持，李梅在进入公司一年后就进入了管理层。李梅做出任何决策之前都会十分慎重，她的认真负责受到了公司的表彰。

李梅虽然年龄小，但已经明白职场上的一些道理。因为认真负责地工作，所以有了升职的机会，而升职之后，她则会更加地负责任，如此良性循环下去，所以她才会步步高升。

通常来说，管理者要想授权，必然会对直属的几个人十分了解，所以管理者一定要抓住人物个性，对不同的人用不同的处事方法来授权。但是授权之后，如何使下属对已经得到的权力负责，这就是管理者的艺术了。

一家公司的行销总监是一个很擅长用人的人。

一天，行销总监走进两个刚毕业的年轻行销员的办公室，说："我们公司准备创建一本杂志，成立一个'用户联合会'，你们两个根据自己的能力说说看，自己适合负责哪一项工作？"

两个人面面相觑，不知所措。其中一个人说："既然总监要我们根据自己的特长选择一项工作，那我们就分别选吧。"

两人分别选了一项工作，于是行销总监就全权让他们两个负责自己选定的工作，将处理工作的权力给予了他们，并且在他们工作过程中也一丁点儿都没有插手。

于是，两个人铆足了劲儿，尽全力将自己的工作做好。现在，"用户联合会"已经有数万名会员了，并且每一年都在世界各处举行年会；而他们公司发行的杂志也达到了 13.5 万多份。

两个小小的行销员，因为行销总监的一次任命成了公司小有名气的人，他们将自己的权力运用得很好，也更加出色地完成了自己的任务。其实，分析一下他们成功的原因，其中行销总监所占的比例最大。因为行销总监的信任，所以他们便有了百倍的信心，而且他们产生了要对得起自己权力的想法，那是一种对自己权力负责的自觉性。

由此看来，如何将权力下放，又使下属珍惜权力、对权力负责，是一个值得研究的问题。

首先，我们要抓住员工的心理，激发他们的进取心。这就像小时候我们回答上问题以后，老师会给一朵小红花一样，积极的鼓励是激发员工进取心的最简单的手法。

其次，要给下属自主权。研发员小王是公司上市以来的第一批实习生，因为他的学历较高，所以他进了公司的资源开发部工作。

当时，他们团队算上小王共有 3 个人，主要负责开发公司的一项核心前端产品。6 个月后，随着研究的深入，团队人员增加到了 6 名，小王自然成为里面资历较深的。

小王时常给新进的研究员说："在这里，完全可以依靠自己的想法进行工作上的创新，不用担心来自上级的掣肘，而且如果做得好，还会受到来自公司的奖励。"所以，这个小团队中的每个人都很积极，也很负责，没有后顾之忧，还有奖励，何乐而不为呢？

在小王的带领下，团队的研究员各自发挥自己的长处，终于超额完成了公司交代的任务。

企业管理者给予下属充分的权力，能够将下属身上的潜能激发出来，在相应的监控制度下，使得员工明白必须要对自己行使的权力负责。

让下属明白要对权力负责，让员工明白要对工作负责，有一种手法很简单也很实用，那就是“恩威并施”。让下属明白，这件事情完完全全由你负责，当中发生的任何问题你都有权处理，公司也会大力支持；同时也要明白，既然公司将这件事情完完全全地交给你处理，你就要做好，要是办砸了，就是辜负了企业的重望，同时也要承担失败的责任。

世界上不存在只享受不用负责的权力，既然拥有权力那就要负相应的责任，权力多大，责任就有多大。一位优秀的管理者，在授权时，给的不仅有权力，同样也有义务，权力与义务并存的管理方式才会使企业稳步发展。

Chapter 7 第七章

左手方右手圆，在软硬兼施中强化制约力

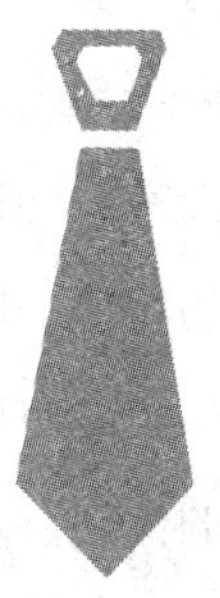

所谓带人，说白了就是理顺人与人的对应关系，使管理者与团队成员之间达成和谐的统一。在这个过程中，你可以利用权利将对方“管”得规规矩矩、“理”得顺顺溜溜，但倘若你不懂人文关怀，就可能压制甚至毁掉下属的可塑性和创造力。

第一节　制度面前，没有任何特权

俗话说："无规矩不成方圆"，小到一个家庭，大到一个国家，都要有规有矩才可以有制约力，才可以安定和谐。企业同样如此，每个企业都有一套企业制度，一项完善、操作性强的制度会使企业形成铜墙铁壁，在竞争中立于不败之地。

企业制度是一种要求大家共同遵守的办事规程或行动准则，具有普遍性、公平性的特征，所以制度一旦实施，就要求对所有相关人员一视同仁，没有谁能享有规定之外的特殊权利，这便是制度权威性的体现。也就是说，一项制度有没有权威性、是不是令人敬畏，关键就在于在运作过程中是不是对每个当事人都具有相等的效力和相同的威力。

著名的美国 IBM 公司董事长托马斯·约翰·沃森对企业制度的权威性就十分看重，曾经有一个故事就发生在这位董事长的身上，也在 IBM 公司广为流传。

IBM 公司人员管理制度中有一条：每位员工在工作中必须配戴胸牌，厂区工作人员的胸牌是浅蓝色的，行政大楼工作人员的胸牌是粉红色的，两种胸牌不能混用。虽然这条制度制定已久，但还是有一些人总是不注意，有时不佩戴胸牌，有时胸牌混用，加大了警卫人员的工作量，他们一直对此很是头疼。

一天，某国家的王储想要参观工厂，董事长沃森一起陪同。但是，刚走到工厂门口，两位警卫员就拦住了他们的去路。

警卫员说："对不起，先生，您不能进去，我们IBM的厂区工作人员的胸牌是浅蓝色的，行政大楼工作人员的胸牌是粉红色的，你们佩戴的粉红色胸牌是不能进入厂区的。"

董事长助理听到警卫员的话觉得很尴尬，他很严肃地对警卫员说："这是IBM的董事长沃森，难道你不认识吗？现在我们陪重要客人参观，请放行吧！"

"我们当然认识沃森董事长，但公司要求我们只认胸牌不认人，所以必须按照规定办事。"警卫员也严肃地说。

助理赶快找到蓝色胸牌给沃森和客人戴上，参观完出门时还对警卫员狠狠地说："你完了，连董事长都敢得罪！"

但事件并不像助理预料的那样，警卫员并没有受到责罚，反而受到了表扬。

沃森让警卫部把这个事件通告整个公司，从此，不佩戴胸牌、佩戴胸牌不合规的现象再也没有发生过。

其实，如果制度实施后每个人都遵守，企业的一切奖罚都按制度来进行，各级人员也都必须遵从制度的规定，企业便形成了一个公平、公正的工作氛围。员工在这样的氛围中工作，会有很强的存在感，便会自觉地维护制度的严肃性和权威性。

但在一些企业中，管理者总认为制度是为员工制定的，自己可以不遵守，自己喜欢、重视的下属也可以不遵守，员工中自己的亲朋好友也可以例外……久而久之，员工中就会怨言四起，一些员工也会视制度于无物，那这制度还有什么权威可言？

身为管理者，在监督公司制度实施时可参考纪律严明的部队的管理方式，无论是士兵还是将军，每个人对待军纪都是严肃认真的，没有任何一个人“搞特殊”。例如，汉朝功勋卓著的将军周亚夫除了作战英勇之外，他管理军队最大的特点就是严守军纪。

有一次，汉文帝为了鼓舞军心，亲自骑马到各部犒劳军队。他先到达驻扎在灞上和棘门的军营，受到了将军和他的部下的热烈欢迎。汉文帝一行人直接骑马进入军营，将军和他的部下也骑马前来迎接，士兵们在马上欢呼。

汉文帝心情好极了，他继续骑马往前走，到达了周亚夫的细柳营。汉文帝看到细柳营的将士们个个身披铠甲，手执锋利的武器，拿着张满的弓弩。先行官对将士们说：“让开，这是天子，让我们进去。”

看守营门的士兵举起兵器，说：“将军有令，军队里只听将军的号令，不听其他指令。”

先行员着急地说：“天子马上就要到了！”

守营士兵坚决地说：“我们军中有令，只听将军的号令。”

汉文帝皱起眉头，说：“你们将军有多大的胆子，连君王也敢拦。”

守营士兵拱手说：“请皇上告知我们将军。”

汉文帝没有办法，便派使者持符节诏告将军：“皇上想进入军营慰劳军队。”周亚夫看到符节后，向守营士兵传达命令说：“打开军营大门！”

守卫军营大门的士兵这才打开大门，但他对汉文帝一行驾车骑马的人说：“将军有规定，在军营内不许策马奔驰。”于是汉文帝等人只得下马拉着缰绳缓缓前行。

汉文帝进入军营后，周亚夫手执兵器对汉文帝拱手作揖说：“穿着盔甲的武士不能够下拜，请允许我以军礼参见陛下。”

汉文帝本来对周亚夫心存不满，但看到他将部队治理得这样严整，军队上下无论是精神状态还是作战士气都很高涨，便被他感动了。

汉文帝表情变得庄重，手扶车前的横木，称谢说：“皇帝特来敬劳将军！”虽然汉文帝已经很累了，但他还是坚持完成仪式后才离去。

出了营门，汉文帝不停地称赞周亚夫：“唉！这才是真正的将军！前面所经过的灞上和棘门的军队，就像儿戏一般，那些将军很容易被敌人用偷袭的办法将他们俘虏；至于周亚夫，谁能够冒犯他呢？”说罢，便传令重赏周亚夫军中上下。

身为管理者，也要如周亚夫一样，无论对谁都一视同仁，无论什么情况下制度才是这个企业中的“老大”，对谁都不能特殊对待。一个团队最忌讳的就是人心涣散，而制度就是捆绑人心的绳子，如果制度落实事事公平，人人平等，那自然就具有了它的权威性。也就是说，对一个企业而言，一定要“天子犯法与庶民同罪”，不能对任何人、任何事“高抬贵手”“手下留情”，既然制度已经建立，就要严格执行。莫让制度成为“一纸空文”，这势必会影响员工的积极性和创造性，使企业发展滞留。

当然，还要明确一点，对于违反制度的人员要以教育员工不再违纪为目的进行惩治，而不是惩罚。身为管理者，最好的惩治方法就是“先罚后励”，对违反规章制度的人员按制度进行惩罚后，要进行真诚坦诚的沟通，缓解他们受罚的不快情绪，消除他们的苦恼和怨恨的情感，这也是管理者要具备的素质。

一项制度的权威性的维护并不是触犯后罚得多么严重，而是激励得恰到好处。

第二节　既要保障纪律，也要给予自由

一项严明的制度会保证企业有章可循，员工有章可依。但是，制度实施并不是为了捆绑员工的心。身为管理者，在

制定制度时一定要思虑再三，在保证企业正规、有序发展的同时，也要考虑是否捆绑了员工的心，别让他们成为一个机器人，只执行命令而不懂创新。所以，一定要给员工一些自由度，别让他们被所谓的规矩绑死。

有这样一个实验很值得管理者思考，它很有趣，但也很有深意。美国科学家为了观察特定环境下生物的生长情况，于是做了这个实验。

他们买来一批生长在同一个池塘中的小鱼，把它们做了二等分。其中一份放进大鱼缸，一份放进小鱼缸，每天给相同的食物，同时记录这些鱼的成长数据。

一个月后，实验人员发现，大鱼缸里的鱼个个茁壮灵活；小鱼缸里的鱼死了将近一半，活着的那些也毫无生气，一副营养不良的样子。

为什么会出现这样的情况呢？实验人员得出的结论是不同的生长环境会使生物发生不同的变化，也就是说生物会随着生活环境的变化而变化，如果环境过于狭小、束缚，便会威胁到生物的生存。

在大工业时代时，大规模的机械生产对员工的智能没有过高的要求，只需要员工熟练、认真，就能为生产做出贡献。但是如今科技高度发达，企业需要的不再是“机器人”般的生产线工人，更需要的是有创意、有想法的员工。所以，这时就要求企业提供一个好的环境，这种环境既要制度严格，又要宽松明朗。

简单明确地说，管理者对员工的行为习惯要用制度来约束，但同时也要给员工的思维提供发散空间。制度的条条框框只是为了使企业运行更正规、平稳而设定的，至于用人方面，管理者要放开束缚，让员工的才能有所发挥，既可通过一些奖励措施来鼓励创新，又可通过适当放权让员工在工作时尽情发挥。同时，企业更要广纳贤才，听得进建议，敢于创新与改革。如此一来，企业肯定不会因为“沉旧”而被淘汰。

员工不是奴隶，他们到公司工作是为养家糊口，更是为了自己有一个良好的发展空间。所以，要给员工一个自由的空间，管理者更要支持员工“自由”，让他们拥有自由度。拥有自由度的员工敢想也敢说，更敢做，他们的大胆是为了让自己更加优秀，赢得一个好的发展。

这样的员工管理者一定要支持，因为他们希望得到领导的重视，为他们提供多样化、自主自由的平台。管理者可以为他们提供更兼容、更懂得变通的企业环境，他们一定会还你惊喜。

在法国有这样一个真实的故事。一位年轻的画家在油画方面很有天赋，他的笔触灵动，色彩细腻，无论大场面的铺画还是细节的描摹，都独具匠心，很多指导他画画的老师都夸他是可造之材。

年轻画家十分仰慕当代一位著名大画家，一心想拜他为师。这些年，年轻画家的名气渐渐大了起来，终于他仰慕的那位大画家注意到了他。

大画家看了年轻画家的作品，觉得还算可以，便有意教导他。年轻画家得到消息后，兴奋得不得了，他多年的梦想终于如愿以偿了，从此他可以在大画家的教导下继续艺术生涯，想想就很激动。

但是，大画家对年轻人的要求很严格，也可以说是苛刻。他从构思到上色都有规范及准则，不允许年轻画家有一点儿违反，年轻画家必须按照大画家的流派、画法来作画，绝不允许有半点儿发挥。

大画家对年轻画家说："你的画别人很喜欢，所以你要更加努力学习。如果你太过骄傲，不按照我的要求，那你可以离开我这里，因为不按我的方法你是很难画出真正合乎古典审美的赏心悦目的作品的。"

年轻画家听了大画家的话，便按他的教导艰难地"纠正"自己的风格，改掉自己的"毛病"。一年过去了，年轻画家的画与大画家的画像是一个模子里刻出来的，大画家对年轻画家的临摹作品也是大加赞赏，说："你真是越来越接近我的画风了，画画技巧也越来越标准。"

年轻画家得到夸赞后很高兴，便越发努力地按照大画家的标准作画。几年后，当人们再次看到年轻作家的作品时，很惊讶，那画作已经没有了当初的灵气，只看到呆板、僵硬。有评论家说，年轻画家的才气被大画家死板的教导毁灭殆尽。

故事是真实的，且在法国艺术史上留下过重重的一笔，这位大画家就是画出《马拉之死》等名画的大卫，他悉心教导的那位年轻画家，很遗憾最终没能在世界画坛展露头角。

再回头看这个故事，你会发现，年轻画家的仰慕让他断送了自己的才华；而大画家的过度束缚更是生生断送了年轻画家的绘画之路。对于个人来说，被压制就意味着被埋没；对于企业来说，压制就等于毁灭了人才生长的土壤。

为了使企业能在竞争激烈的社会时时创新，管理者就要给员工创造自我发展的空间，培养员工的自由度。那么如何才可以保证员工有自由度却不过度呢？这就要依靠管理者的智慧了。

给员工创造一个可以“说话”的环境。办公室张贴“办公区域请勿喧哗”的警示牌是管理制度，是员工必须遵行的规范。但是，如果需要讨论问题，就一定要让员工畅所欲言，管理者不要打断，鼓励员工大胆参与，引导员工的独立思考和独立操作意识，创设一个良好的环境，接纳员工的想法。

当员工有一个能够随意发言的环境时，他的思考能力才会被充分调度。但是，这个自由度一定要适度，如果放得太开，自由便会成为散漫；会议中的大胆发言要三思而后行，不是七嘴八舌的漫谈，强调会议发言要言之有物，并不是茶话会的那种谈天说地。一句话来说，就是让员工既自由，又要懂规矩。

我们可能会遇到一些这样的员工，他们的表达欲很强，你给他们放开话语权，他们有了畅所欲言的权力，就总想表现自己，总认为自己的想法高人一筹，整个会议的氛围被他带坏；还有一些管理人员，员工辛辛苦苦地提出建议，他们却不上报，员工被无视后就会心存怨气，久而久之也就闭口不谈了。

当然，因为给予自由，还会使一些人将自由理解成任意说话，所以他们便将对待遇、工作氛围、同事关系等的抱怨一股脑儿地发泄出来，这便是过度自由带来的“副作用”。管理者如果发现有这种苗头，一定要立即掐断，否则不但得不到你想要的“火花”“金点子”，还会让整个企业变得充满“负能量”。

让员工拥有自由度，没有规矩的过度束缚，企业会变得更有活力。在这样的企业中，员工应该充分认识到个人的能力和分量，也要认识到企业允许自由，但自由也要有度，自己的每一句话、每一个行动都是一种责任。也正因为要肩负责任，所以不能任意妄为，凡事必须认真思考后再行动。

企业并不是束缚员工手脚的绳索，管理者也不是暴君，所以员工可以拥有很强的自由度。但是，无论有多自由，也只是思想的自由，行动也要有规有矩，否则就会乱了章法，导致企业出现问题。

第三节 人无完人，要允许下属犯错误

很多企业的奖罚制度中会有这样一条：“如果工作出现差错，依错误大小实施不同程度的处罚。”也正因为有类似这种条款，所以很多员工的工资单上出现了“罚款”一栏，有的金额还不小呢。一个超市中某销售员因为上班时吃了一枚价值一元钱的鸡蛋忘了付钱而被开除，并且扣除了她1000元作为罚款。员工失落地走了，超市这样的处罚为的是什么呢？

我们都明白一个道理，做错事就要承担相应的后果，管理者之所以会处以罚款，是为了惩罚员工的错误。一个超市，最反感的就是员工的手脚不干净，所以超市领导会想这个员工今天偷鸡蛋，明天不知还会偷什么，所以开除、罚款的目的就不是惩罚员工了，而是杀鸡儆猴来警告其他员工，那个挨罚的人也只是做了炮灰而已。

但是，员工离开后他又会怎么想呢？他会觉得自己是个被抛弃的人，会对这个超市充满仇恨，会对社会产生厌烦，觉得生活不公……总之，他根本就不会思考为什么自己会落得这样的下场，自然也不会对偷窃之事觉得歉意。

其实，“人无完人，孰能无过？”世界上哪有十全十美的人，是人就会犯错，员工出现错误后，有时候宽容比严

惩收到的效果会更好。试想一下，如果超市宽容对待偷鸡蛋的人，他心中一定会对超市充满歉意，为自己感到羞愧，在日后的工作中也一定会带着感激和反省的心态去工作。能培养一位对企业充满感激的员工，总比给企业生成一个敌人强吧？

所以，身为管理者，要“看人下菜碟”，对于那些在惩罚之下还不知悔改，或者对所犯错误死不认账的员工，怎样的处理都不为过；但对于那些对偶然的错误充满歉意，而且并不是故意犯错的人，有时宽容比惩罚起到的效果更好。

著名的发明大王爱迪生对出现错误的学徒始终保持着宽容的心，正因为这样，爱迪生才受到了很多人的尊敬。

当年，他和他的助手们在实验室里连续工作了 24 个小时，最终制作出了一个电灯泡。但灯炮还要经过其他测试，于是，他把电灯泡交给了一名年轻的学徒，让学徒将电灯泡拿到楼上的另外一个实验室里。

学徒知道手中的电灯泡有多珍贵，所以他十分小心地慢慢上楼，生怕一不留神这个新发明毁在自己手里。

但大家知道，越是害怕就会越紧张，越是紧张身体就会越不听使唤，他拿着灯泡的手开始抖起来，就在一个楼梯的拐角处，学徒脚一滑，电灯泡摔在了地上。

爱迪生听到声音后，跑过来。他见到地上碎了一地的玻璃渣，和蹲在地上一个劲儿发抖不知所措的学徒，说：“没关系，站起来，做自己的事情去吧。”

几天后，爱迪生和他的助手们又花了 24 个小时制作出一个电灯泡。制作出来以后，爱迪生又不假思索地把它交给了之前把灯泡摔坏的那名学徒手中，让他仍然送到楼上的实验室里。这一次，这个学徒成功地完成了爱迪生交给他的任务。

当有人问爱迪生为什么不责怪学徒时，爱迪生说："他吓得发抖，看起来已经认识到错误了，况且灯泡本来就易碎，而且这个错误也不是他有意为之，我为什么要怪他呢？"

"那第二次为什么还敢交给他？"

"为什么不敢呢？"爱迪生笑笑说："每个人都有犯错的时候，既然他已经犯过错误了，那他这次会更认真，我要给他一个改正的机会。"

的确是这样，与其用错误去惩罚一个人，不如给他一个改正的机会。俗话说，"世界上没有十全十美的人"，同样，企业里也不可能有十全十美的员工。作为员工，谁都有疏忽大意的时候，犯了错误自己都会陷入自责和尴尬的境地，如果此时领导再严词批评、穷追猛打，是十分不妥的。

从人的心理角度出发，如果出现错误的同时自己受到处罚，那么人的心理就会达到平衡，并不会对错误有过深的认识。这就好比，当我们口渴时，有人给了我们一个苹果，我们会心存感激，多年之后还会记得；但如果这个人给了苹果又向我们要了苹果钱，那我们会觉得这只是等价交换，很快就会忘记。

同样的道理，管理者在面临下属犯下的一些错误和失误时，如果只是采取惩罚的手段，不仅解决不了问题，反而会让问题变得更加严重，不如采取宽容的态度去面对下属犯下的错误，如此才是领导者管理的上上策，宽容、原谅更能激发下属的奋进心和忠心。

韦尔奇被称为“全球第一 CEO”，他是 GE 的前总裁，当时每次例会时他都会反复强调：“我们必须让职员明白，只要你的理由、方法都是正确的，那么，即使结果失败，也值得鼓励。”

当年，GE 公司经过市场调研后做了一项 2000 万美元的投资计划，但是在实施的过程中，因为某些因素导致中途流产，参与计划的人员都很沮丧。

但正在这时，韦尔奇颁布了人事调动令，凡是推动该计划的管理者仍然得到了升迁的机会。同时，参与实施计划的 70 位员工也获得了一台录像机作为奖励。

有人问韦尔奇为什么要对一个失败计划的参与人员进行奖励时，他笑着说：“惩罚失败的后果是没有人再勇于尝试。”

韦尔奇这句话说得很到位，企业当中需要许多的创新人员，但不是每一项创新都会成功，如果一旦失败，我们便去惩罚那些参与创新的人员，那以后谁还敢做马前卒呢？当我们用宽容之心对待下属时，很容易激发下属的潜能，要知道，从失败中走过来的员工，常常会给你带来连你自己都意想不到的硕果。

所以，身为管理者，要将员工的错误分类，那些有意犯错，或者自身品质原因犯的错误可以严惩，以儆效尤；但对于非主观犯错，或者创新改革过程中的错误，管理者就要宽容，以保护员工的积极性、创新意识和工作热情。那么，如何处理员工的一些非主观犯错呢？

首先，有些错误管理者只需要点到为止。如果下属不小心犯了错误，我们在进行批评和惩罚的时候一定要讲究方式方法，懂得适可而止。千万不要逮住错误就不依不饶，大会讲小会批，使下属的面子丢一地，这样只会让大家兔死狐悲、物伤其类，造成一种人心惶惶的局面。

其次，既然放权，就要允许犯错。管理者将权力赋予下属之前，就应该想到当属下独立做事时一定会出现这样那样的错误，所以管理者授权后要做好跟踪和控制工作，千万不要干涉下属的工作过程，更不要在下属犯错时就跳出来指责。相反，在下属遇到问题或者出现错误时，管理者应该做好鼓励和支持的工作。

最后，保护企业中的创新型人才。企业要发展，就要有新生力量的诞生，所以管理者一定要保护好企业中“第一个敢吃螃蟹”的人，激发他们的潜能，为他们的风险买单。

总而言之，在出现错误时，人的本能就是懊悔，管理者一定要运用好这个“懊悔”的点，使企业管理更加人性化，让企业内部充满人情味，这样企业才会更团结，才会更壮大。

第四节　照章办事，不等于冷酷无情

任何公司的规章制度在颁布之初，一定要试运行一段时间，这样既可以检验制度的合理性，又可以保证制度的实效性。任何制度都是为了企业的发展而制定的，制定制度可以保证管理者的权威，保证企业的顺利运转，规范员工的行为，提高工作效率……但是，无论颁布什么样的制度，一定要以不触碰人性的底线为原则。

一位领导，如果他没有不怒自威的领导气场，也没有可以震慑员工的丰功伟绩，更没有别出心裁的管理方法……也就是说，他在员中眼中并没有任何突出之处，那么如何才能保证他的权威呢？当然是按规矩办事，此时企业的规章制度就成了保证领导权威，保证自身地位，保证工作顺利进行的最重要的武器。

但是，身为管理者，不能以规章制度为手段，把规矩当成威慑员工的杀手锏。一旦管理者的心不在如何促进企业发展，而只想在员工面前“耍威风”时，企业就会走向深渊。

严格的考勤制度是每个企业都有的，而且最普遍的惩罚方式就是罚款。例如，很多企业会将员工的迟到、早退、旷工、请假等“缺席”现象分门别类，然后依次制定相应的罚款金额。一般情况下，这些罚款虽然不会超出员工的当时工资，但面对真金白银的损失，员工们还是会遵守考勤制度的，谁也不会跟钱过不去是吧？

对于这种考勤制度，罚款的规则越明确，员工的行为越是井井有条，一般不用领导特意说什么，员工都会按时上班，不会早退，更不会随随便便请假，工作中也更是兢兢业业地完成任务……

这种规章制度是合理的，员工可以接受，领导运用起来又得心应手，自然可以保证企业的正常运作。但是，有些领导特别爱别出心裁，制定一些他认为合理，却让员工无法接受的章程。

有些领导将本来已经明确的制度进行改革，触碰员工的底线，张小艺就是这样的一位领导。

张小艺工作很多年了，终于有机会得到了提拔，但他总是觉得员工在私底下议论，觉得他资历虽老但业绩平平，根本没有资格担任销售经理。

为了显示自己的权威，他对销售部的考勤制度进行了改革，对于迟到、早退等人扣除当月业务奖金，请一天假扣当月一半基础工资，请两天假就要停职做检讨。

制度一宣布，员工们连连叫苦，他的秘书也对新制度的可行性表示质疑，对张小艺说："您要不要再考虑下，这样的处罚太严重了，会引发员工的抗议的。"

张小艺说："我就是要让他们知道，在我张小艺的手下就得听我的。”

很快，张小艺的任意改革得到了教训，员工们只要一次迟到或者早退后就变得“肆无忌惮”，天天迟到、早退，因为大家觉得反正奖金已经扣了，再迟到、早退又能怎么样。而且有几个员工自动离职了，大家说：“谁再在这样的人手下干活，就是辱没自己的智商。”

销售部人心惶惶，无人安心工作。可是张小艺并没有认识到自己的错误，反而觉得大家在针对他，于是更加强了管理。

一位员工因为家中亲人住院，想换班回家照顾亲人，遭到了张小艺的拒绝。

另一位女员工与客户发生冲突，是因为客户提出了一些不合理的要求，女员工受到了侮辱。本来已经很委屈的员工回到公司后，又遭到了张小艺的当众批评，还责令女员工向客户道歉，满足客户要求。

最终，张小艺对女员工的态度成了“压倒骆驼的最后一根稻草”，员工们纷纷提出辞职，上级因为这件事责令张小艺向员工道歉，并将张小艺调离到了库房任职。

如果管理者得到权力后就把权力当儿戏，滥用权力，势必会引起员工的反感。轻则让员工怀疑领导的人品、能力，无视领导或者轻视领导的存在，暗地抗拒领导的命令；重则就像张小艺一样，让员工对工作倦怠，无心工作，甚至集体罢工或辞职。

但是，无论轻重，都证明这位管理者的管理出现了大问题，并不适合继续坐在权力者的位置上。因为他已经影响到了员工的工作效率，影响了企业的发展。所以，身为管理者，在对下属进行管理的同时，更要尊重人，千万不要触碰员工的底线。

每位员工进公司工作都不是奔着违反公司章程或者与领导作对来的，所以公司的规章制度制定的宗旨只是为了保证企业的正常运转，而并没以管束人为目的。

例如，哺乳期的女员工为了保证孩子的母乳，很多女员工中途会请假回家。如果管理者不批准显得不仁道，但如果批准就会耽误很长的时间，影响工作效率。所以，有些管理者便在办公室隔出了员工休息室，在休息室中放置了冰箱，让女员工将回家喂奶改为了备奶，女员工少了回家奔波之苦，又保证了工作效率，自然会得到员工的拥护。

再如，办公室吸烟现象屡禁不止，吸烟者是痛快了，但是影响了周围人的健康和心情。如果领导强制性禁烟不太合适，毕竟成年人吸烟是普遍现象，还有些人烟瘾大，不吸不舒服；但是如果不禁烟很多员工就会受影响。所以，有些管理者就在公司设立了专门的吸烟室，让那些烟瘾大的员工有独立的空间一解烟瘾，又保证了办公室的空气清洁。

总而言之，管理者平日是与有血有肉的人打交道，不能被冰冷的制度捆绑住。只有得到了员工的拥护，制度才会平稳健康地执行，管理者才会“英雄有用武之地”，企业才会发展壮大。人的心底都是有一条底线的，制度管理在底线之上会形成约束力，使企业正常运转；但一旦触碰到底线，只会迎来土崩瓦解的结局。

第五节　违章必究，不可以法不责众

中国有句古话“法不责众”，意思是如果个人触犯规则可能会遭到惩罚，但如果很多人同时触犯的话，法律就要因人多而减轻惩罚，或者不予追究。正因为“法不责众”这句话的存在，所以很多人会存在侥幸心理——大家都这样我也这样，反正法不责众。

因此，企业的规章制度在实施过程中，如果遇到多个人或者集体触犯的情况，在制度合理不需要改进的情况下，一定要按章程办事，决不能姑息养奸，哪怕付出再大的代价，也不能助长员工的侥幸心理。身为管理者，如果此时不坚持，一时心软或者犹豫，那之后的工作也就没有办法继续开展了。

西方管理学的“热炉法则”被人熟知，它很值得我们借鉴。什么是“热炉法则”呢？。意思是规章制度就像烧红了的热火炉一样，一旦在工作中有人违反了规章制度，就像碰到了火炉一样被烫伤。管理者在管理企业时，应该熟练运用“热炉法则”，这样既可以对员工起到威慑作用，又能让大家敬畏公司章程，不主动触犯。

“热炉法则”下实施的制度对员工而言，有以下四个作用：

第一是预警性作用，公司制度就像这个通红的火炉一样，摆在那里就是一盏警示灯，它时刻提醒员工千万不要触碰。

第二是必然性作用，如果你无视制度这个火炉，非要去碰一下，那么你触碰的结果就是被烫伤，以此来打消员工内心存在的侥幸心理。

第三是即刻性作用，不要以为制度摆在那里一动不动，其实它已经烧红，你一旦碰触，就会瞬间被灼伤。

第四，也是最重要的一条，即公平性作用，无论是管理者还是员工，热火炉对谁都是一样的，它不会因为你是管理者而不烫伤你，也不会因为你是普通员工而对你烫得更深，无论是谁，只要碰触就一定会留下一道疤。

当企业的规章制度依照“热炉法则”变成一只烧红的火炉的时候，只要有人触犯，就一定会受到惩罚，不管你人多人少，也不管你权位是高是低。

北京一家科技公司有一个名为涂春红的管理者，他就将“热炉法则”运用得得心应手。

在每周一次的例会中，他发现有些员工总是在开会期间接打电话，而且这种现象不是存在于一两个人身上，而是存在于整个团队中。

于是，他和几位高层领导定下了一个规定：为了保证会议正常进行，开会期间，不允许任何人接听电话、发短信，同时也要将手机关机或者调为静音。

规定出台后，他发现大家都很遵守，便放心了。可是，当他留心观察了几次后才发现，原来只有他参加的会议，大家才乖乖地关闭手机或调为静音。如果这次会议他不参加，很多人还是会接打电话。

很多管理者更是如此，他们总是一边打着电话，一边说："对不起，这是一个大客户的电话。"大家心里都觉得，反正打电话的又不是我一个人，而且我的电话是打给客户的，你能把我怎么着呢？

涂春红看到这种情况，在第二周的例会上，他特意让人提来一桶水，然后对会议室中参加会议的高层管理人员说："从今天开始，谁在会议上接听电话、发短信，谁的手机发出声响，一律将其手机扔进这桶水里。"

但"无巧不成书"，就在涂春红刚说完这句话时，一位管理者的电话像是与他作对一样居然响了！涂春红走过去，什么话也不说，夺过对方的手机就扔进了那桶水里。

那手机进水没多久，又有一个管理者的手机响了，涂春红再次走过去夺过手机，又扔进了那桶水中。

在场的所有人都傻了，大家知道，如果再有手机响还是同样会被扔进水桶里，哪怕所有人的手机都响了，结果也只有一个，手机扔进水桶里。

从那次会议以后，无论涂春红到不到场，大家都会自觉地把手机调为静音，有些人甚至直接关机。

涂春红的雷厉风行让人佩服，也许很多人会心生很多疑惑：开会接打个电话，不至于做得如此绝情吧？他将大家的手机扔进桶里，如果大家一起抗议该怎么办？但是，你想过没有，这些想法都是因为你的优柔寡断而产生的，作为一名管理者，一定要有将相风度。

因为那些高层管理者心存侥幸，以为涂春红会“怕”，以为他会因为这事已经成为普遍现象就没有必要再管。但是大家错了，“约定俗成”的确很多时候是可行的，但在一个企业中，如果“约定俗成”的东西太多了，制度也就被打破了。一个没有管理制度的企业就像是一只纸老虎，看似巨大威严，但一捅就破，星星之火都可以烧没。

举个最简单的例子，你看路旁的高压线，大家都会因为上面写着“高压危险”而不敢靠近，哪怕你联合再多的人，心里做再充分的准备，也不敢冒险去触摸高压线，因为你知道一旦触碰就会被击中，人再多，准备再充足都没有用。

再如，银行的运钞车，你明明知道里面有很多钱，你也不会去拦截，因为你知道里面的诱惑再大也不值得用命去搏，你也知道无论你再努力也没有办法成功，所以你根本就不会产生侥幸心理。

其实，管理一个企业也是如此，规章制度虽然贴在墙上，但也要有它独特的震慑力。有些人对墙上的规章制度连看都不看，违反后还连拉带拽地攀扯一堆人，想以“法不责众”压制管理者，打破规章制度。这时，管理者一旦松懈，就会助长企业的歪风邪气，影响企业的发展。

所以，身为管理者，一定要严格按照规章制度办事。

首先，要公平地对待每一个人，不能徇私情。制度对于每个人来说都应该是平等的，一旦触犯，管理者不应该因为一些个人私情或者上级压制而放纵员工。前苹果总裁乔布斯说："在苹果公司，你不会看到你不想看到的一切制度存在。没有任何人是具有特权的，我也曾经触犯过制度，因此也受到了相应的惩罚。"也许这正是苹果立于不败之地的关键。

其次，员工一旦触犯了规章制度，就要按制度惩罚，当然处罚不是目的，而是一种手段。通过这种手段让员工明白，公司的制度不是一张贴在墙上的纸，而是随时都在遵守的纪律。美国柯达公司的罚款与奖励机制就值得很多公司借鉴，该罚时罚，警醒员工认真工作；该奖时奖，激发员工工作的积极性。

最后，责罚要有度，平衡奖惩制度。美国管理学家彼得·帕利说："在奖惩之间有一个无形的东西，它既不是原则，也不是规律，它看不见，摸不着，只可意会不可言传。有人称它是'平衡如何奖励与如何惩罚的杠杆'，我称它为'度'。无论是奖励还是惩罚，你都需要掌握一个'度'。"

一套平衡的奖惩制度也会使员工打消"聚众"心理，哪怕有人触犯制度，想要拉拢更多的人形成"法不责众"的状态，也没有人愿意与他联合。久而久之，员工们一心为

“奖”，处处避“罚”，那么企业的向心力便形成了。

所以，好的管理者管理企业用的是艺术而不是技术，一味责罚，员工会丧失信心和进取心；一味放纵，则让侥幸心理暗自增长。所以，身为管理者，一定要均衡，留住员工的心，就留住了企业的根。

Chapter 8 第八章

协调与制衡，消除团队矛盾和冲突

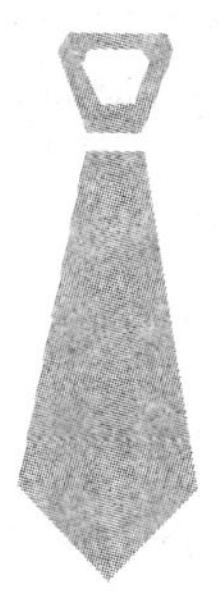

每支团队都会有很多个性上的差异，而由这些差异产生的矛盾会被放大成内耗，内耗则会严重影响工作效率。管理者要在团队平衡与协调上多用功，多琢磨。

第一节 有冲突，团队才有生命力

火花是经过撞击而产生的，如果没有撞击得来的小火花，人类永远也不会发现火，也不会运用火。企业也是这样，如果一个企业如一潭死水，没有波澜，没有鱼虾，甚至连片小树叶也没有，那这个企业怎么会有发展？只能待在那里等水蒸发完，企业也就干涸了。

所以，有的时候我们没有办法避免企业内部团队之间的火花，那就不要抑制，还不如让它们互相摩擦、碰撞，燃起大火，那么企业自然也就充满活力，充满生机，红红火火，蒸蒸日上了。

这就是说，冲突在某种情况下可以变换为一种激励的因素。员工之间通过发表各自不同的言论，可以为企业提供一种积极献策的氛围，挖掘出员工的潜力，这种意见方面的冲突反而会刺激员工在工作中的兴趣与好奇心，在一定程度上反而形成了一种勇于交流、发表意见的局面；而从另一个侧面来说，这也加剧了员工的紧迫感。

在通用公司的历史上，有两位不得不提的重要人物，由于他们对冲突和矛盾的看法不同，因此通用公司在他们的带领下出现了不同的局面。

一位是威廉·杜兰特，他喜欢独断专权，在重大决策方面总是喜欢让员工按照他指定的方式行动，他十分反感那些和他意见相悖的人，而且更讨厌那些当众顶撞他的员工。

结果，在他的“英明”领导下，公司从不会发出反对声音，有的仅仅是“赞同”，结果四年之后，通用公司陷入了危机之中，杜兰特也不得不离开了公司。

另一位是被称为“组织天才”的艾尔弗雷德·斯隆，他是通用公司发展史上非常有威望的领导者。

曾经，他是杜兰特的助手，然而在后来的工作中升任到杜兰特曾经的职位。他十分清楚杜兰特存在的缺陷，并积极努力地修正这些错误。

在他的意识中，没有完全正确的人。每做一项决策，他都先听取其他员工的意见，鼓励争论和发表不同的观点。这种领导方略使艾尔弗雷德·斯隆取得了极大的成功，被人们称为通用公司史上的风云人物。

从这件事中，领导者应该认识到，不可以独断专行，要允许并鼓励不一致意见的出现。对当今的领导者来说，如果一个企业没有冲突，那么这个企业就难以有活力。作为管理者，要鼓励员工发表意见，这是一种领导时尚。

当然，在当今的管理中，我们也提倡“合作”与“共识”，但是这并不等于压制其他员工的意见，而是鼓励大家在提出不同意见的时候最终找出一种合理而有效的办法，达成合作

共识。不同意见越多，那么最后做出的决策就越高明，

被誉为“日本爱迪生”的盛田昭夫在担任索尼公司副总裁时，曾与当时的董事长田岛发生过一次冲突。

田岛气愤难填地说：“盛田，你我想法不同，我不喜欢留在一个一切都按照你的意见工作的公司里，我更不希望看到我们总是为此而发生争吵。”

而盛田却回答说：“田岛先生，如果我们的意见完全一致，那么，我们俩就没必要在同一家公司领两份薪水了。我们俩之间某一个人辞职，主要原因就是因为我们的意见不同，如此，公司出现错误的风险才会降低。”

对于领导者来说，不要总是被一时的“相同意见”蒙蔽双眼，甚至还要有意制造一种“意见相同”的现象。任何一个人的想法都难以全面，也不可能总是正确。而出现了不同意见的冲突和矛盾也正是对自己做出修正的良好机会，如果你能协调合理，这种冲突将会为企业的发展创造一种良好的氛围。

第二节　找到矛盾结症，化解不良冲突

人与人打交道，就一定会有冲突和矛盾，企业越大，这类事件发生的频率也就越大。作为管理者，调节团队之间的

冲突和矛盾的方法很重要，既要学会协调，又要能运用制衡之术，这样才能保证企业的运转不受影响。

但是，有些领导的业务能力很突出，却不太会处理人与人之间的问题，当团队之间发生问题时，他们一般装作没有看到，即使团队找他来解决问题，他也是躲躲藏藏，觉得置身事外事情就能解决了。殊不知这种逃避的方式不仅不会像他设想的那样大事化小，小事化了，反而会使矛盾激化。

就像本来只是嗓子有些发炎，你却不吃药放任它发展，最后发展到肺炎，让自己痛苦不堪。所以，当一些团队之间、员工之间发生冲突和矛盾时，最好的办法就是直接面对，尽快解决，避免矛盾继续往下发展，不可收拾。

福特汽车公司的一家分工厂因为管理不善，濒临倒闭。于是，总公司派去了一位新的领导者，帮助他们解决问题。

新领导上任的第三天就发现了问题的症结所在：

这个分工厂规模不小，但一道道的流水线像屏障一般隔断了员工之间的交流，所以员工哪怕一起工作了很长时间也是谁也不理谁，人情淡漠，热情度就会降低。

再加上以前的领导为了挽救濒临倒闭的工厂，要求员工加班加点地工作，反而使员工更加疲惫。长期处在在人际关系冷漠且劳累的状态下时，脾气就会变大，一些员工稍有接触，不顺心便大发脾气，使得车间中总出现混乱的场面，而领导对此还在压制，导致工人们报怨连连。

于是，新领导针对这一情况马上采取了以下措施：工厂所有员工的午餐不再让员工独自解决，而是由工厂的食堂负责，目的就是让大家利用中午吃午餐的时间能够坐下来吃吃饭，聊聊天儿，增进人与人之间的感情。

有时候，中午聚餐的时候，新领导还会亲自下厨为大家做饭、烤肉。

措施一出台，就收到了很大成效。那段时间，员工们谈论最多的就是如何使工厂渡过难关，大家纷纷出主意，找出解决方案。车间中的冲突变少了，员工们也意识到工厂到了生死存亡的时刻，应该好好地大干一番了。

两个月后，这个工厂在人们不可思议的议论中起死回生了。五个月之后，业绩开始上升，扭亏为盈。一年后，这个工厂的业绩就已经在众多分工厂中列入首位了。

其实有的时候，一些问题并不是很难解决，而是我们错误地认为“放一放”就好了，“等一等”就过了，所以才会使问题越来越严重。遇到问题，主动找到症结所在，然后积极地解决，这才是最高效的处事之道。

员工与员工、员工与企业之间的矛盾是每个公司都会存在的，矛盾一旦出现，作为一位成功的领导者，必须运用你的智慧和影响力及时妥善地解决这些冲突和矛盾，消除下属的不满情绪，这是稳定团队、增强团队凝聚力的保证。

正确对待公司内部的冲突和矛盾，维系员工的良好心态，也是企业长足发展的关键点之一。所以，作为领导者，必须从全局出发，认真对待企业中出现的冲突和矛盾，并妥善处理好这些问题。避免小问题不解决而出现大问题，小矛盾不解决发展成大矛盾的情况发生，但处理冲突和矛盾时，不能以领导自居对下属进行压制，找到问题根源，疏通才是最正确的解决之道。

5 岁的小杰是一个中国功夫片爱好者，他最喜欢在爸爸妈妈休息的时候，大家坐在一起看功夫片。

久而久之，小杰受到功夫片的诱惑，小小的心中产生了想要去少林寺做一个小和尚，学功夫的想法。一次在看完一部功夫片后，小杰将想法告诉了爸爸，爸爸以为这只是小孩子的荒唐想法，过几天就忘了，便没有理他。可是几天后，小杰又说了这件事。

爸爸摆摆手说："傻孩子，那不是真的，现在的小朋友根本没有人愿意去做和尚。"

小杰瞪起了眼，冲着爸爸大喊："爸爸骗人！如果没有小朋友愿意去，那为什么还能在电影中看到呢？我不要去上学，我要去做和尚学功夫。等我学会了功夫，其他小朋友就都不敢欺负我了。"

父子两人因为此事，你一言，我一语地争论起来。爸爸为了不再与儿子争执，以为冷一冷儿子便忘了，于是找了个借口出去了，留下了小杰自己在家。

当妈妈下班时，发现小杰不见了，以为爸爸将他带出去玩儿了，便没在意。到了晚上，爸爸回到家才发现儿子自己离家出走了。妈妈大哭，责怪爸爸不负责任，爸爸也自责，两个人疯狂地找着儿子。

庆幸的是，他们接到了一家武馆的电话，原来儿子离家出走后便来到学校旁边的武馆，想要让教练带他去少林寺。

爸爸妈妈将小杰接回了家，小杰还在闹脾气中。爸爸正想训斥小杰，却被妈妈拦下了，妈妈悄悄对爸爸说："你以为你发个脾气，他就打消念头了吗？"

妈妈抱着小杰问："你真的那么喜欢做和尚练武功吗？"

"我很喜欢练武，能打败所有的人，多威风。"小杰振振有词地说道。

"可是练武也要有文化才行啊，而且做了和尚要先学习念佛经，然后才能练武。佛经都是中国的古汉语文字，你连一年级都没有上呢，怎么能看得懂经文呢？"

小杰眨眨眼说："真的吗？"

"当然。"妈妈说着，从书架上拿出一本书，说："现在别说古文字，现代文字你都看不懂，那剑谱、拳谱之类的你就更看不懂了，现在还不是去少林寺的好时机呢！"

小杰有些失望，但还是点头表示认同。

妈妈又拿出一盘青菜对小杰说："你知道吗？和尚要吃素，是不可以吃肉的。你要是想当和尚，那从今天开始，妈妈先训练你一下，每天都吃青菜。"

"啊？不行，不行，我要吃肉。"喜欢吃肉的小杰马上反驳道，"妈妈，我还是等长大之后再去少林寺吧。"

妈妈笑着点点头，又拉着小杰与爸爸和好，终于这一家人的问题解决了。

生活中，矛盾现象时常出现，一旦出现了矛盾就需要调解，而调解矛盾的方式体现了一个人的智慧。公司更是如此，一个企业人员复杂，员工性格也多种多样，即使大家在公司中有着一致的目标，但也并不意味着每个部门、每个员工之间的目标和利益是一致的，所以矛盾和冲突在所难免。如果管理者像小杰的爸爸那样，见到冲突和矛盾就往后推，遇事就躲，那势必会将矛盾扩大化。

所以，管理者一定要找到冲突和矛盾的根源点，直面问题，快速判断，尽快解决，避免矛盾激化，保证企业的运转不受影响。

第一，管理者要弄清楚矛盾产生的原因。有些矛盾只是表面看到的现象，如员工之间的争吵、团队之间的意见相左等竞争冲突，只需要当成一次矛盾就可以了。但有些矛盾不是一日造成的，它是经过长期积累发酵后突然爆发的，如果贸然处理问题，就容易判断错误，甚至激化矛盾。

所以，管理者这时需要先稳定大家情绪，然后全面调查事情原委，弄清楚事情的前因后果，分清是非，然后才能做好调解工作。

第二，加强企业内部人与人之间的交流，特别是领导和下属之间一定要多沟通。沟通是人与人之间避免矛盾的最好方式，作为领导者，要多与员工交流沟通，了解他们的思想，这样才能很好地掌控下属，化解他们的负面情绪，避免他们出现过激行为，进而也就抑制了矛盾的产生。

哪怕产生矛盾之后，沟通也是解决问题的最好的方法，因为只有说出来，问题才会解决，误会也会消除，矛盾双方自然会将矛盾化解。

再严密的管理，冲突和矛盾也是无法避免的，所以作为管理者，最应该做的就是在矛盾发生的第一时间内将它化解掉，直接面对，切勿等待，更勿忽略。

第三节　曲径通幽，化矛盾于无形

管理者应直面冲突和矛盾，并不是直面压制，所以管理者一定要学会调节冲突和矛盾的方法，迂回战术比横冲直撞起到的效果更好。

小时候，如果我们与同学发生冲突后，有些老师会说："不许打架，再打架就出去站着。"的确，这样威严的说话方式或许可以制止本次冲突，但并不会解决根本问题，如果矛盾没有解决，冲突还是会再次发生的。更何况，老师的这种压制会让孩子心中产生畏惧，也会有损老师的形象。

语言就是一把锋利的刀，可以削东西，但也容易伤人，只取决于掌握它的人如何使用。说话讲求方式，把不好说的话转个弯说出来，这样才好听，才是真正有素养的人。一位懂得“迂回战术”的领导，在化解各种矛盾和冲突的同时，也树立了自己睿智的形象，令员工信服。

村支部书记带领村民开山修路，这本来是一件为村民造福的好事，却因为施工时的大意，引发了一场不小的矛盾。

一个村民为了开山，在放置炸药时炸毁了一家农户的果树，这果树可是农户家赚钱的宝贝，农户非常生气地找到了村支书，抓住村支部书记的衣领要他赔。

村支部书记答应会补偿，但现在没有办法，等秋后一定赔偿。但是，农户却不答应，农户一家大小一拥而上，把村支部书记打了一顿。

这一打不要紧，村里的党员和群众都怒了，决定要狠狠地整治打人的农户。村长召开全村大会，打算在大会上好好整治一下那户人家。打人的农户也知道自己一家闯了祸，他们已经做好了心理准备，等着看村里的处理结果。

但是，谁都没想到，村支部书记一上台，并没有批评打他的人，而是做自我检讨：“村里的老少爷们儿，我来村里的时间短，也年轻，很多事情还不懂，需要大家多帮扶、指正。哪件事我做错了，哪个活儿我安排不对了，哪句话我说得不好了，大家别往心里去，我做检讨。……”

村支部书记的话说完了，可是对那户打人农户的处理结果只字未提。打人农户一家人在台下紧紧张张地听着，到最后却什么事都没有，村长也只是瞪了他们一眼，没有提这件事。

散会后，有几个和打人农户关系好的村民找到了农户，原来村长本来打算在大会上处理他家，结果村支部书记为他们说了好话，说理解他们果树被炸毁的心情，打人也只是一时冲动，没有必要兴师动众地处理。

后来，打人农户找到村支部书记主动承认了错误，并说：“你是领导，为了全村做得对，我就想着自己家，我错了，以后你咋说，我就咋干，再也不闹事了，全听你的。”

村支部书记是一位非常懂得管理艺术的领导，他上台讲话，并没有指出农户打人的过错，而是做自我批评、自我检讨，又阻止村长处理农户，这在农户心里已经深深烙下了印记，而且内心深处会深深自责自己的冲动行为。

有的时候宽容的原谅比疾言厉色的指责起到的效果更好，这就是领导的管理艺术。从管理学的角度来说，本来村支部书记处于被动地位，结果他通过原谅让自己转到了主动地位上，反其道而行，迂回转移，反而使矛盾更快速地解决了。

有些话不可以直来直去地说，需要换一种方式转个弯去说，这是一种委婉的说话方式，也是人际交往中不可缺少的一种交流艺术，更是维系人与人之间和谐关系的重要手段。一位大师说：“在说话办事的时候，不懂得迂回前进，虽然本意是好的，但是往往因为说话太唐突、太直接了，总是难以达到目的。”身为管理者更应该懂得这个道理。

周末，一对年轻的小夫妻高高兴兴地到一家服装店买裤子。他们在店里转来转去，终于看好了一条，问："老板，这条裤子多少钱？"

老板说："裤子 100 元。"

男的知道这种小店常常要价较高，于是说："老板，有点儿贵啊，便宜点儿，50 元怎么样？"

老板斜着看了他们一眼说："80 元是最低价。"

女的注意到了老板的白眼，拉着老公要离开。这时，老板生气地说道："80 元还嫌贵，一个大男人给自己的媳妇买条裤子都没钱，真丢人！"

话说得有些刺耳，男的回头说："不买你的就是不买你的，你还没完没了了，是吧。"

老板一听也火了，恶狠狠地说道："像你媳妇这种胖人，胖得跟猪一样，能买到一条裤子就不错了，给你便宜还嫌贵。"

这句话真的把男的惹火了，一拳就打在了老板的脸上，两个人便撕扯在了一起。

其实，这是多么小的一件事。俗话说，"褒贬是买卖"，老板不喜欢顾客还价，当矛盾已经产生时，他又不懂得转变态度，最终引发了冲突。既然开了店，当然是为了做生意，像老板那样的脾气又怎么会挽留住顾客呢？

当顾客讲价时，你大可以将顾客的注意力转移到东西的质量上，说："您看我们这条裤子质量多好，您买回去可以搭各种衣服，也可以穿很长时间，如果您觉得价格不能接受，还可以看一下其他的。”如果顾客不想买离开时，你说：“我们店过段时间会进新货，到时欢迎您再来。”想必顾客心中一定会很舒服，也许你也留住了一位回头客。

在大企业中也是这样，如果管理者不懂得说话的艺术，也不懂得如何处理事情的技巧和方法，自然会将企业中的矛盾激化，有损自己的领导形象，员工们一定会觉得这位领导粗俗、没能力，不能让员工信服。

一般情况下，如果你想要用拳头打倒对方，如果伸直了胳膊出击，一定会力量不足；相反，如果你先收回拳头，猛击对方，力道往往会更好。也就是说，迂回前进更容易解决问题，当企业内部发生冲突或者矛盾时，千万不要采用压制、逼迫、威胁等方法，不妨改变一下思路，避开正面出击，迂回前进，利用以退为进的策略，让矛盾在冲突中得到缓解，往往能够收到更好的效果。

第四节　就算得罪人，也别和稀泥

企业如一个大家庭，规章制度就是家规，员工亲如兄弟姐妹，而领导的身份就是家长。作为一名家长，就要有果断而明确的处事态度，有时候宁可做暂时的坏人，也不能做一个老好人，模糊是非，和稀泥。

父母从来不会“马马虎虎”对待孩子的成长，如果孩子有错就一定会指出来，孩子可能会指着你说：“你是一个坏爸爸（妈妈）！”但你知道自己做的是对的，如果这时做一个老好人，不明确观点，那孩子的成长就一定会受挫。

为什么父母的态度很明确？是因为父母明白，在孩子的成长过程中有时候需要父母做一个“坏人”。所以，我们看到祖辈对孙子孙女非常溺爱时，才会心中着急，因为爷爷奶奶做了老好人，孩子虽然高兴，但他的是非观念也就模糊了，影响了他的人生观与价值观。

管理一个企业也正是如此，一位喜欢和稀泥的领导虽然暂时受到了员工的欢迎，但背地里员工一定会怀疑这位领导的管理能力，议论纷纷；领导也会因此失去领导力和权威力，和事佬似的领导是不具有领导企业的能力和魄力的。

中国历史上有很多帝王做过“和事佬”，他们无一例外地被人们称为“昏君”，也无一例外地给自己的王朝带来了危机。

唐太宗李世民的嫡孙就是这样一位皇帝，他就是人称“和事天子”的唐中宗李显。

李显的父亲是唐高宗李治，母亲是大名鼎鼎的女皇帝武则天。但是，他既没有继承爷爷和父亲的治国才能，也没有继承母亲的霸气。

李显做皇帝时，像一个软柿子一样，谁都可以捏一把，而且他还很乐意让别人捏。无论是宰相的话还是权臣的话他都愿意听，而且还愿意直接拿来用。最严重的是他对中宫皇后韦氏、“内宰相”上官婉儿也是言听计从。

所以，在他的管理下，朝政如一团乱麻，后宫干涉外廷，外廷争斗不断。李显简直就是给自己挖了一个陷阱，而且跳到里面还不乐意出来。

一次，突厥首领娑葛请求李显加封他，但宰相宗楚客收了另一位突厥首领阙啜忠节的贿赂，便告诉皇帝这个人不能加封，李显想都没想就拒绝了娑葛，娑葛没有获得封号，一怒之下侵入了大唐边境，抢走了百姓很多财物，扰得大唐边境不安。

监察御史崔琬是一个正直的官员，他在朝堂上揭露了宗楚客的行为，请李显务必处罚宗楚客，以振朝纲。

这时，李显显得左右为难，他既不想驳斥崔琬，也不愿处罚自己最宠信的宰相。于是就用了他最擅长的“和稀泥”的办法，打算把事情大事化小，小事化了。

宗楚客看着李显的表情，自知皇帝不会斥责自己，便在朝堂上与崔琬吵了起来，崔琬据理力争，宗楚客仗着自己有皇帝的宠信，反咬一口。

李显看着两个人吵个没完，于是下朝后在宫中摆了一桌丰盛的酒席，留下了宗楚客和崔琬，说：“今天特意请两位留下来，你们同朝为官，要以和为贵。”

宗楚客拱手称是，崔琬虽然生气，但也说不出什么，这件事就不了了之了。但是，从那以后，人们都知道了李显的处事方式，称他为“和事天子”，讽刺他毫无天子的威仪、皇帝的权威。

没多久，韦皇后的野心越来越大，犯上作乱，李显就那样稀里糊涂地被毒死在后宫中了。

无论是一个王朝的帝王，还是一个企业的管理者，都是一位掌舵人，想要船在水中稳步前行，就一定要有明确的方法，一旦偏航要及时纠正航向。

企业中存在各种各样复杂的问题，小到员工与员工之间的磕磕碰碰，大到团队与团队之间的不良竞争、重重矛盾，这些都需要企业管理者做出果断、正确的判断。从哲学的角度来说，世界本就是一个矛盾共同体，即使麻团再乱，管理者也要理顺，这也是身为一位管理者的责任所在。

试想一下，企业中会有哪些矛盾产生呢？员工与员工之间因利益纠纷、个性不合、意见相悖造成的冲突，员工与中层领导间相互诘责，员工对外时与客户、往来利益伙伴的关系，领导与领导之间的摩擦……那管理者就要明确地找到哪些问题是需要自己出面解决的，哪些问题是可以让下属解决的，哪些问题是可以置后解决的，哪些问题是不治自愈的……总之，矛盾出现时就要有对付它的办法，和稀泥一定不是一个良好的习惯，一定要克服。

一味地和稀泥，将矛盾压下去，只会让更多的人觉得不公平，进而质疑其领导能力。被质疑的管理者自然很难继续维护自己的权威，就像故事中的“和事天子”李昱，纵然他是万人之上的皇帝，也免不了失掉性命。在有严格绩效制度和监督制度的现代企业中，一位只知道和稀泥的管理者，很快就会被员工的批评声淹没。

张诚在一家地产公司担任设计部经理，他的业务能力很强，员工们也很积极，多次获得上级领导的奖励。

这天，他接到了一个项目，员工们很快就给出了设计方案。但是，就在他审阅方案的时候，办公室传来了争吵声，他的两位下属因方案冲突而产生了矛盾，“官司”愈演愈烈，一直打到了经理办公室。

张诚看看这两个人，都是平日工作进取心很强的人，也是自己很中意的下属。秘书劝张诚不要管他俩的事儿，都各自表扬就好了。但张诚没有这样做，他对秘书说：“作为经理，如果我和稀泥做了老好人，那以后员工也会对我和稀泥，对工作和稀泥。”

张诚弄清事情的原委后，安排两个人坐在了会议室中，并亲自给他们倒了茶，并没有说谁是谁非，谁对谁错，而是温和地说：“事情我已经清楚了，你们完全没有必要吵得这么凶嘛，你们因为设计方案吵了起来，但是出发点是一样的，都是为公司的利益着想，所以不存在根本的冲突。回去以后再好好想一想，互相取长补短，争取合作出一个更好的方案！”

经过几天的冷静之后，两位设计师再也没有发生过冲突，互相给对方道了歉，并开始一起研究新方案，最终他们想出了两全其美的解决办法。

有的时候，身为管理者，一定要有明辨是非的判断力，按照规章制度，谁对谁错，不含糊地说出来；但有的时候，面对矛盾我们不能直面立刻解决时，可以将自己的态度与观点告诉矛盾双方，让他们自醒自悟，这也是一种迂回解决矛盾的办法。

但是，无论采用哪种方法，遇到问题都要解决，而且更要把握干涉的尺度，有所为有所不为。总之，面对团队矛盾，管理者不能做个老好人，你好我好，大家都不会好。有时候，当个铁面无私、冷酷无情的“坏人”，反而更能让员工懂得分寸。

第五节　把员工的怨气，转变成精神气

人有时会受到自身生理因素、外界环境因素的影响而使心理发生某些变化：心情愉快时看什么事都顺心，而心情阴暗时无论见到什么都会觉得不舒服。特别是当工作、生活充满压力时，偶而尔的不如意也会放大化，心生怨气。

有些人心中有了怨气会闷在心里，整天皱着眉头，要知

道人在心情低落时智商也会跟着下降，这就是为什么我们遇到一点儿不顺，不如意的事情就会接二连三地发生，那其实是我们自己的思维跟不上身体造成的。

有些人心中有了怨气就爱说出来，与同事、朋友、家人甚至陌生人都可以说一大堆，听起来就是满嘴的埋怨，满心的不顺。

还有些人，心中有了怨气就“恶魔”附体，心生报复，报复同事、领导甚至公司。

……

无论是哪一种情况，这种怨气都会将员工的负面能量点燃，影响正能量的发挥。其实，追根究底，员工之所以会产生怨气，是因为最初他对公司的期望值很高，很爱公司。这就好比，你提着一大堆东西上楼，如果陌生人从你身边经过而不帮你，你不会有什么感觉；而如果你的男朋友遇到你而不伸手帮你提时，你就会很生气。

道理是一样的，既然怨气来自最初的热爱，那么怨气一旦产生就要及时化解。如果管理者对心中有怨的员工视而不见、听而不闻，不及时处理他们遇到的问题，那只能使员工心中怨气加重，最后落得“不在沉默中爆发，便在沉默中死亡”的后果。

公司制定了这样一项规定：将员工分为一二三等级，做出一定贡献的员工将会被升为一级。这条规定颁布后，得到了很多员工的支持。但是，一段时间后，总经理听到了一些员工的抱怨。

员工们在私底下议论纷纷，原来是规定虽然颁布了，但人事和财务都没有跟上。

这天，几个员工在休息室中抱怨连连。

一个员工说："升一级有什么用，职位没升，钱也没多挣，这不是戏耍我们吗？"

另一个员工说："你们倒是有了个名呀，我们连名都没有，说是有做出一定贡献将会被升一级，但我们组签了个大单子，这不是贡献吗？到现在一点儿动静都没有。"

"什么叫贡献，你们那是贡献吗？升一级做多少贡献那是上级领导决策的，还不是他想让谁升谁就升呀！也只有你们组傻，信以为真。"

……

总经理见到这种情况，知道不能让事态继续发展下去了。于是，他召开了高中层领导会议，在会议上他与大家进行了讨论，最后决定亲自解决问题。

首先，总经理重新修改了规定，里面明确了具体做多少贡献会受到什么样的奖励的措施；其次，他派了专人负责这件事，一旦有做出贡献的员工产生，就可以到专人那里去报名，然后经过专人的审核，通过后就可以很快升级；最后，他联系公司的人事和财务，如果员工升级后，人事和财务都会给予员工一定的奖励。

与此同时，总经理还将自己的邮箱印成小纸条发给每个员工，告诉大家："如果工作或者生活中有问题，可以直接发邮件告诉我，我会尽我所能帮你们解决。"

总经理的这种做法得到了员工的拥护，从那以后，再没有人私下议论是非，也没有人对工作、领导心生怨气，因为他们相信，如果自己不舒服，总经理就会帮他们解决的。

一个企业的长足发展，最根本的保障条件就是管理者的用人技巧。每个企业中，领导和员工之间、员工和员工之间等都会有或多或少意见相左的情况发生，所以管理者一定要鼓励员工将自己的不满直接说出来，因为有怨气不要紧，最可怕的是憋在心里，不仅不利于员工的身心健康，而且不利于公司的发展。

要知道，员工是为了养家糊口或者自身发展而选择的工作，他们熬过了实习期，经历了繁重的最底层工作，所以他们并不会轻易因为抱怨而辞职，但是，大多数员工却会在抱怨无人愿意理睬的情况下选择辞职。

一个美发师收了一个徒弟，徒弟学艺半年后开始上岗。第一个顾客来了，徒弟很认真地理完发后，那个顾客却说："头发剪得不够短，有点儿长。"徒弟心情很差，因为他对自己的作品很满意。

这时，师傅笑着说："头发微微长一点儿，更能凸显您的含蓄，这叫藏而不露，很适合您的身份。"顾客听后很高兴地离开了。

第二位顾客来了，徒弟更加认真地工作，一切按客户的要求来，但理完后顾客却说:“剪得有点儿短。”徒弟低头不语。

这时，师傅又笑着说:“头发短显得您精神，看起来更年轻。”顾客听后高兴地离开了。

第三位顾客来了，徒弟比以前更加认真，连小细节都修得仔仔细细。理完后，这个顾客笑着说:“我这个头理的时间够长的。”徒弟像被迎头泼了一盆凉水，一语不发。

师傅低头鞠了躬，笑着说:“为‘首脑’多花点儿时间很有必要。”顾客听后，哈哈一笑离开了。

一天的工作结束了，师傅把徒弟叫到身边，说:“我知道你今天有话问我。”

“是的，师傅，我今天对待每个顾客都是很认真的，自我感觉理得很好，可是他们却不满意。”徒弟低着头说。

“所以顾客不满意你就在边上一言不发吗？”

“我觉得无话可说，还好师傅您帮我说话。”徒弟无奈地说。

“不，孩子”，师傅摇摇头说，“我并不是替你说话，我那样说的目的是及时消除顾客心中因不满意带来的怨气，这样下次他可能还会到我们店里来。你记住，你现在做的是服务行业，顾客的支持很重要，所以当顾客心生不满时，一定要及时解决，这样以后你的路才会走得更顺。”

徒弟的眼里充满了泪水，虽然师傅说没替自己说话，但他却处处为自己着想。

从那以后，他跟随师傅潜心学艺，几年后开了自己的小理发店，虽然地方不大，但人潮如流，因为他让每一位来理发的顾客都满意而归，自然也就留住了很多回头客。

一般情况下，我们都不可避免地会听到他人的抱怨、牢骚、烦躁或者愤怒的情绪。作为领导，在百忙之中也要抽出时间去化解这些怨气，随时随地解决这些矛盾，以免造成隐患或者更加严重的后果。

其实，员工的不满情绪是很容易发现的，如有的员工经常迟到早退，或者工作心不在焉、应付了事、不喜欢与同事合作、对上级领导下达的命令不愿意听从……这时，员工就已经产生怨气了，如果这时领导还不抓紧时间解决，那这怨气就会像传染病一样，一传十,十传百，每个员工都会被它感染，使公司陷入危机之中，不能正常运转。

人与人之间的想法不同，对于同一件事情人们也会从不同的角度去看，所以产生怨气是很正常的。但是，要想将怨气防患于未然，那就要去寻找产生怨气的根源。通常，薪水与付出不能成正比，公司连连加班却没有相应的补偿，休息时间太少，领导处事不公等这些都是产生怨气的导火线。所以，身为领导，一定要关注细节，避免员工产生怨气。

没有哪一个员工会毫无缘由地懈怠工作，也没有哪一个员工会毫无缘由地表现出不满的情绪。怨气就像一个小火星，如果不能及时浇灭，就会变成小火苗，再等下去就会变成熊熊大火，所以，身为管理者，只要感受到员工的怨气产生，就要究其根源，将它消灭于萌芽之中。

第六节　巧妙利用冲突，提升团队效率

管理学家指出，企业中的矛盾和冲突并不都是需要制止的，冲突可以分为恶性冲突和良性冲突。也就是说，对企业存在威胁、影响公司正常运转的都是恶性冲突，需要管理者尽早解决；而企业中还有一些冲突是良性的，它不仅不会影响同事之间的关系，而且有利于彼此之间的交流，进而提高员工的工作积极性，提高团队绩效。

一个恶性的冲突会让员工们陷入紧张状态中，导致互相猜疑，彼此不信任，经常内耗，拉帮结派不团结，最终导致企业的生产力下降；而一个良性冲突则完全可以增进员工之间的感情，促进新型、创意型的火花爆发，企业会从中得到更多有利的信息，对企业及团队都是一种促进作用，提高员工的团体作战力。

一家著名的时装公司在创立之初仅有两万多元的流动资金，但董事长凭借卓越的智慧带领公司不断向前发展。几年后，公司便全面推出自己的品牌，经过两年的努力，公司的服装在市场上销售火爆，供不应求，这位董事长也在服装界一举成名。

董事长还是比较有长远眼光的，产品随着公司的不断发展，他知道需要对原有的生产模式进行调整，于是花重金聘

请了海外管理学博士来对公司进行改革。原以为形势一片大好，改革后会再创新高，但是结果却事与愿违。

这位海外管理学博士上任后进行了一系列的改革，将公司的决策权收为己有，公司的事情，无论大小都亲力亲为，甚至连从前一些部门与部门之间，或者部门内部的小事他也常常插手。

也就是说，他把所有的权力都集中了起来，就连很多基层的事情也要向他汇报，甚至大门保安员出现了问题也要向他汇报。而且他还自命不凡，以为自己八面玲珑，常常见不同的人说不同的话，其实员工们都知道他就是想笼络人心。

但是，令人们无奈的是，董事长十分重用他，有些公司高管向董事长提出的建议被一一驳回，董事长以为大家有意见是因为不配合改革，所以公司上下有苦难言。

一段时间后，公司上下都在这位管理学博士的管理之下没了声音，很多部门主管只是听令行事，以前部门之间的良性竞争以及员工与员工之间的讨论都没有了，因为谁要是有一点不同的想法，都会被这位博士找去谈话，所以大家也就不再发声了，每天就是准时准点上班，听分配，然后工作，像一个个机器人一样。

久而久之，这位博士觉得很累，公司的业绩也是直线下滑，董事长这才注意到问题的严重性。于是，董事长马上停止了博士的一切工作，恢复了之前的管理模式。

也许这位管理学博士认为，公司大权集中于自己手中之后，公司上下便可在自己的掌控之中，这样就会减少甚至消除矛盾和冲突。从心理学的角度来说，平级部门之间只要独立存在，就会形成有意无意的竞争，这是人的本性决定的，是不可避免的。但是，如果平级关系消失，变为没有交集的中心射线时，竞争自然就消失了，矛盾也就消失了。

所以，这位博士将权力集中，消除公司内部的平级关系，避免了部门、员工等的竞争，自然也就避免了矛盾和冲突。但是没有竞争，便没有动力，没有思维的碰撞，也就没有火花的产生。博士将公司本应该存在的良性冲突也同样消除了，那员工们自然成了“撞钟的和尚”。

举个简单的例子，有些夫妻吵吵闹闹一辈子，到终老仍然相亲相爱；而有些夫妻相敬如宾，从来不争吵，却在某一天突然离了婚。美国《家庭心理学杂志》目前指出：“一辈子相敬如宾、没吵过架的夫妻不见得是幸福的夫妻，会吵架的夫妻才是幸福的夫妻。”

听过这样一句话：“吵吵闹闹是夫妻，一言不发是仇人。”这就是在诠释良性冲突的好处吧。

有一对小夫妻，刚结婚就开始吵架：

“你看你，总是回来那么晚，难道不知道我一个人在家很寂寞吗？”妻子说。

丈夫回答说：“我知道啊，可是我就是不回来啊！”

“为什么不回来？难道你不知道我在家里等你吗？”妻子问道。

丈夫笑笑说：“当然知道了，所以，我才晚一会儿回来，让你多想我一会儿。”

俗话说：“小吵怡情，大吵伤身。”本来是一场激烈的争吵，结果成了夫妻之间暧昧的调情，这便是越吵越亲的良性冲突的作用。当然，夫妻之间的争吵不一定都是良性冲突，如果吵架中过多地加入人身攻击，就会增加怨恨，形成恶性冲突，最终导致离婚。

一个企业也是这样，团队与团队之间、团队中的成员之间，如果因为工作中意见相左而发生的冲突大部分都是良性的，它可以增加员工之间的互动，有利于消除企业内部的不和谐、不平衡的关系，是一种积极的动力，也是企业发展不可或缺的一部分；但是，如果管理者没有控制冲突的能力，让冲突跳出合理的范围，良性冲突就会转为恶性冲突，导致企业内部矛盾重重，每天都在忙着解决冲突，哪里还有心工作，哪里还有心思考虑企业的发展问题。

举个简单的例子，同为销售部门，如果因为创意销售方法而发生了冲突，那就可以坐下来一起讨论，让冲突在自己面前进行，可能这次冲突就会做出一个更好的销售方案；但如果为了销售范围而发生争执，领导就要出面解决了，划分各自职责，避免出现矛盾使人心混乱。

东芝电器的总经理士光敏夫曾说：“在一个企业中，如果员工们都是一致的，或者雷同的，这是不好的现象。作为企业的管理者，需要最大限度地让员工发出不同的声音，如此，才能取得最大的效果。”所以，当今的管理者，必须具备识别冲突性质的能力，将冲突约束在可控的范围内，一旦冲突恶化，应及时消除，降低冲突带来的恶劣影响。

第七节　坚决消除团队中不和谐的声音

世界上最可怕的不是你听到了什么，而是你听说了什么。在生活中，时常会听到这样一句话：“你要注意点儿，唾沫星子淹死人呀！”而且，现代社会是一个信息社会，也许今天你说的一句话，明天就会把天捅一个大窟窿。

这便是“人言可畏”带来的后果了，他的一句话，经你的加工传给我，再由我添油加醋后传给他……传来传去，谣言便诞生了。从古至今，多少人被谣言所害，它之所以能够如此迅速地广为人知，就是因为每个人都有好奇心，听到一些话后，哪怕明知捕风捉影也要说给别人听，因为这听与传是很快乐的一件事，很多人都以传播谣言为乐事。

特别是有些人，对谣言更是情有独钟，谁和谁发生了矛盾，谁与谁最近恋爱了，谁家老公又怎么了……总而言之，听了谣言就想要说出去，中间得到的快乐感是这些人无法形容的。

大街上，张阿姨和刘阿姨在一个路口碰到了。

张阿姨说："前一段时间刚刚结婚的小两口这段时间总是吵架，也不知道为什么。"

刘阿姨在菜市场碰到了宋阿姨。

刘阿姨说："你知道吗，前一段时间刚刚结婚的小两口总是吵架，我亲眼看见的。"

宋阿姨回家时又在楼下碰到了冯阿姨。

宋阿姨说："你知道吗，他们现在拿着户口本在民政局准备离婚呢。"

冯阿姨回到家，对自己的女儿说："夫妻不要总吵架，咱们这儿刚刚结婚的那对小夫妻最近总吵架，现在那个小伙子又和一个瘦瘦高高、白白净净的女孩儿好上了，现在已经离婚了，房子是小伙子买的，小姑娘净身出户，好可怜呀。"

女儿惊奇地说："是吗？刚刚我还看到他们一起回家呀！"

冯阿姨说："那肯定是办完手续回来拿东西呀。"正说着，听到门铃响了，一开门竟然是他们正在议论的小夫妻。

小伙子拿着一包糖说："阿姨，我们刚结婚，给您送糖来了。"冯阿姨怔怔地愣在那里，女儿大笑起来。

谣言，在生活中可能也就聊一聊，说一说，是茶余饭后的消遣。但是，如果一个企业中经常充斥着各式各样的流言蜚语，那就可怕了。无论是什么谣言，它的实质性内容一般都是错误的，但它会像人们常说吃海鲜不能喝果汁一样，虽然是错误的，但会被很多人相信。也就是说，谣言说得人多了，离真相也就越远了，人们也就越来越信了。这种状况势必会对企业造成影响，小则分散员工的注意力，松懈团队的凝聚力；大则影响整个企业的良性发展，在社会中损坏企业形象，使企业难以立足、发展。

张华学的是企业管理专业，人长得漂亮，身材又好，所以一毕业就成功应聘到一家公司做了总裁秘书。

刚到公司时，同事们都对张华说："这位总裁呀，可不好伺候啦！"听了同事的话，张华在工作方面总是小心翼翼，生怕出了问题惹总裁生气。

正因为张华处处小心，勤奋努力，总裁觉得她是一位十分得力的助手，对她也很和蔼，还经常表扬她工作做得好。有时客户送来茶、咖啡之类的东西，总裁也会让张华带回去一些。

正当张华为自己的成功暗自高兴时，她突然发现公司的同事对待她的态度发生了一些变化。原来同期进入公司、关系一直很好的小姐妹突然不怎么和她说话了；在电梯里只要她开门进去后大家会自动向后退；有时本来听到休息室里谈笑风声，但她一进去大家就会散了回去忙工作……

种种迹象表明，一定是哪里出问题了。所以，周末时张华想约以前关系好的同事吃饭，顺便说一下她的困惑。但是，无论她约谁，他们都无一例外地推辞，聪明的张华突然意识到，她可能陷入流言危机了。

正在张华打算寻找流言时，总裁接到了南方一个客户的电话，准备出差一周，张华作为总裁秘书肯定是要跟着去了，所以张华把那件事放在了一边。

一周之后，她回来上班，发现同事们看她的眼神越来越怪了。

这天，张华吃坏了肚子，从早上就开始恶心，还闹肚子。就在她上厕所的时候，她听到了外面的谈话，说话的人是她以前关系比较好的小姐妹小雅和一个其他部门的同事。

“小雅，你们秘书室的张华是不是跟你们总裁勾搭上了？”

“是呀！”小雅的语气中带着轻蔑，“当然是勾搭上了，那天咱总裁还送给她一个锦缎盒子呢，估计是首饰之类的。”

张华想起那天客户带来的红茶，因为总裁从来不喝红茶，所以将茶叶直接给了张华。

“唉，张华真是好福气呀，不过，总裁好像有太太吧？”

“有呀，不过有也没用了。”小雅一副明白人的口吻说，“张华都有了，今天早上她就一直吐一直吐，看来总裁是想甩也甩不掉了呀。”

“真的？张华胆儿真大，没想到小小年纪心思这么重。”

“是呀，我们一起进公司时还以为她是个挺高傲的姑娘呢，没想到也愿意做人小三儿……”

张华回到办公室暗暗流泪，第二天，便主动辞职了。

张华只是一个小员工，她本来工作出色，有着大好的前程，却毁在了流言蜚语中。谣言是无孔不入的，办公室中的谣言是员工之间矛盾冲突产生的根源，尤其对于管理者而言，它更是一种祸根。由于大家都有好奇心，所以，很多人也就对谣言听之信之，好事之人也喜欢将它传播出去。

被谣言中伤的人一定会受到精神折磨，有些人像张华一样选择了退出，“惹不起我还躲不起”的思想让张华前途遇阻，也让公司失去了一位可用之才。如果严重的话，这个谣言也会对总裁造成影响，家庭、婚姻、事业等都可能会被谣言扰乱。

虽然自古有言：“谣言止于智者。”但如果谣言出现，身为管理者，以“清者自清”的态度去对待肯定是不可行的。等谣言消失是需要一个过程的，而在这个过程中会出现什么变故、会发生什么事情我们完全意料不到。所以，一旦企业中发现流言，管理者就要设法消除，这对安定人心、安稳企业有非常重要的作用。

所以，管理者对公司内部的舆论有导向作用，如果发现谣言，就要找到根源，从头掐断，找出谣言的散播者，严肃处理。有人的地方就会有谣言，特别是在人员密集的公司中，谣言更是不可避免的，这就是考验管理者的时刻，积极地消除谣言才会使公司稳定，员工才会有保障。

Chapter 9 第九章

暖情管理：赋予归属感，加固团队稳定性

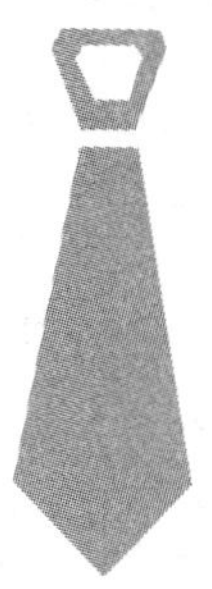

“人情”运用得恰到好处，便能发挥极大的效用。

管理者对员工有情，是一种将心比心、推己及人的共情精神，也是一种管理赋能的力量，这必将得到员工对等甚至超额的回报。此管理措施，有助于增加管理中的“人情味”，让员工更有归属感，更加忠实于团队。

第一节　急人之难，为员工雪中送炭

公司是一个充满竞争、有着严酷的优胜劣汰制度的地方，大部分的普通职员、工人每天都过着忙忙碌碌的日子，疲于奔命，身心俱累，这时，他们最需要的就是来自公司、领导的理解与支持。特别是当员工出现情绪波动，遇到某些变故时，更是需要领导和同事亲如一家的关心。

一个成功的领导，在以严苛的制度约束员工工作的同时，也要会用温情管理团队，恩威并济下的管理才是带领团队最恰当的方式。去一些企业参观时，你会发现，有些办公室给人很严肃的感觉，雪白的墙，蓝色的格子办公桌，还有门口的灰色签到机，以及鸦雀无声的工作氛围让人有些喘不上气来；而有些办公室则设计得很人性化，从休息室中有一些零食、各种饮料，到洗手台上设的专门放化妆品的小格子，每一处布置都能看出领导的用心。

如果你是一位前来应聘的职员，你会选择哪一个团队呢？当然是选择后者。也正是因为后者人性化的环境，所以每个人都很舒心，思维也更活跃，灵感自然就更多，一个思维火花碰撞的团队是更容易燃起熊熊大火的。

特别值得一提的是，一个人性化管理的企业领导，对于员工的某些失意一定会有灵敏的嗅觉，并能在第一时间伸出援助之手。当人处于低谷时，你伸出的手会异常温暖，人都是有情的，雪中送炭的情意会让人铭记于心。

刘伟就职于当时著名的房地产公司，他在销售部已经工作两三年了。

刘伟工作很努力，也很辛苦，每天都是他最早到公司，最晚离开，但可能是天生不善言辞的缘故，他的业绩始终平平，不见起色。

而与他一同入职的同事们个个都升职加薪，有的还被评为了年度销售精英，获得了一大笔年终奖，他心里不免有些失落。因为心情低落，他对待客户也不是那么热情，越是这样，他的业绩就越差。

销售部张经理看出了刘伟的失意，于是下班后留下了他。张经理亲自为刘伟倒了一杯茶，然后两人聊了将近两个小时。这两个小时中，张经理为刘伟分析了工作中的难题和自己的优势与不足，并为他制定了详细的工作规划。最后，张经理还特意拍了两下刘伟的肩膀。

那次交谈以后，刘伟的情绪变好了，再加上张经理之后几次悉心的指导，他的销售业绩也有了大幅度的提升。

多年之后，张经理已经调走了，刘伟也升了职，但他始终没有忘记那次谈话，还有肩膀上那两下鼓励的轻拍。

人的一生不可能总是尽如人意，人生之路也是起起伏伏，所以你有时欢笑，有时悲伤，有时兴奋，有时落莫。我们的人生最幸福的不是快乐时的举杯相庆，而是失意时的一份理解、一声安慰、一个拥抱、一句鼓励。

商场如战场，有人成功，就会有人失败；有人欢笑，自然就会有人落泪。所以，作为企业的管理者，将员工当成自己的家人，当他们失意时，不要隔岸观火、落井下石，更不要置之不理，如果此时你能伸出援助之手，他们走出低谷后就会为企业创造一片春色。

给失意者一个机会，让他们在哪儿摔倒就在哪儿爬起来；给落魄者一个机会，让他们鼓起勇气面对自己；给穷困者一个机会，让他们为你创造更多的财富。管理者在员工眼中是高高在上的，所以如果在他们失意时你能伸出手拉一把，给他们一个重新再来的机会，他们一定会心存感激，为你肝脑涂地。

林宇琪因为工作业绩突出得到了公司领导的重视，入职两年后，就被派到一家分公司担任总经理。在上任之前，总裁告诉他："你将要去的那家分公司问题很严重，希望你能接受这个挑战，做出成绩。"

林宇琪虽然上任之前就做了准备，但是令他想不到的是，分公司的问题如此严重：

公司内部有很多个派系，这些派系之间常常发生恶性冲突，"窝里斗"已经是家常便饭的事儿，所以才造成公司业绩直线下滑。

林宇琪刚刚上任，很多派系就开始拉拢他。这些派系当中的明争暗斗给公司的管理造成了很多障碍，一些派系看拉拢不成便采取极端手段，一步步削弱林宇琪的管理威望。

当时，最典型的就是生产部的马主管，这人做事十分认真，而且吃苦耐劳，对公司绝对是忠心耿耿。

但是，拉帮结派也是他最擅长的事，他拉拢了一批人站在自己身边；而对于那些没入他伙的，或者他看不顺眼的人，马主管就用尽一切办法狠整。也正因此，分公司上上下下都很怕他，没人敢得罪。

这天，马主管犯了一个很大的错误，总公司也知道了这个消息，就知会林宇琪趁机开除马主管。马主管也意识到了自己所犯错误的严重性，知道自己就要被开除了，整个人也没精打采的。

林宇琪觉得开除马主管是一件大事，就通知分公司召开了中高层会议。

会上，所有的部门主管都好像约定好了一样，众口一词，一致认定马主管应该被开除，他们甚至列出了一大堆马主管的“罪状”。面对这种情况，马主管知道说什么都没用，他一言不发。

七嘴八舌的讨论过后，大家转向林宇琪，等待他的开除通知，但林宇琪却说：“马主管身上那种对工作的干劲儿，恐怕在座的各位都达不到，他这种对工作的负责精神，对一个团体来说能起到很好的领头作用。所以，我建议留任观察一段时间，如果马主管对工作不上心，再开除也不迟。”

马主管眼睛一亮，看向林宇琪，满心的感激。

事后，林宇琪在全体职工大会上做了报告，他说：“我认为看一个人，不能只看他的表面，也不能只看到他的缺点，大家也应该看到他身上所蕴藏的优点。作为一名合格的员工，就要加倍努力地工作；对一个团体来说，一个好领导能起到好的表率作用；而一个称职的领导是对工作有责任感。

“对于前段时间马主管的错误，我也再说两句。这次马主管的错误，并非他主观上犯下的错误，而是无意犯的错。这样的过错可大可小，可能他这次的错误给公司带来了不小的损失，但是请大家相信我，给马主管一次机会。我相信在以后的工作中，马主管会更加认真努力地工作，将这次公司的损失弥补回来。”

会场从一开始的议论纷纷，到后期的鸦雀无声，再到最后报以雷鸣般的掌声，林宇琪知道，他做到了。马主管听得热泪盈眶，发誓以后必将为公司尽最大的力量。

总公司得知消息后，都赞同林宇琪的做法，他不仅在最关键的时候帮了马主管一把，还为自己立下了不念旧恶、心胸宽广的好名声。

一段时间后，马主管成为林宇琪的得力助手，整个分公司的派系斗争也减少了，甚至有些团队做了联合，一致对外，将心思都用回了为公司创业绩上。

人人都会有失意的时候，当下属遇到困难的时候，作为企业的管理者，如果能够帮助下属渡过难关，会让下属更加忠于你；落井下石，只会让下属更加记恨你。我们工作不仅是为了公司创收，更是为了容纳更多的人才让公司发展壮大。所以，不要小瞧曾经失意的人，他们也许就是改变你命运的贵人。

俗话说："拿人的手短，吃人的嘴软。"你在最关键的时候拉他一把，他会记得欠你一个人情，如果有一天你失意时，他同样也会拉你一把，这是人性最本质的善良。

高高在上的管理者，你的一个微笑可能让员工兴奋一下午，你的一次伸手会让员工感受到阳光般的温暖，你的一次机会可能改变员工人生的命运，你的一个肯定可能会让落寞的人看到曙光……如果你是管理者，请注意到身边那些失意的下属吧，你的一句话也许就会点醒梦中人，救他远离失意，这样他便能更好地工作了，何乐而不为呢？

第二节　善待老员工，更能感化新员工

当今社会发展迅速，企业的员工制度和性质也发生了变化，企业流动性强，很少有哪一位员工能在一个企业工作终生。仔细研究这个现象，你会发现，其实并不是员工不安分，不认真，而是很多管理者以金钱来衡量工作价值，觉得员工年纪变大，对企业的价值越来越小，就越来越不重视，甚至有些管理者还会降低老员工的待遇，逼迫老员工自己辞

职离开。

公司中的那些老员工，他们是跟随企业一起成长起来的，当年他们的大好青春都贡献给了这个公司，如今他们老了，却遭到了公司的嫌弃，这是多么悲惨的一件事！谁都有老的时候，现在年轻的员工也在看着管理者怎样对待老员工、老功臣，如果管理者全然不顾，只为眼前利益着想，那么现在的员工一定会想：

“这老板真是用人靠前，用不着人靠后呀，我们也有老的那一天，他会怎么对我们呀？”久而久之，公司人心涣散，公司上下由此及彼、触景伤情，哪里还会真心付出，为企业谋未来呢？

渔民养了一群鸬鹚，当年这些小家伙们为了渔民一家的生计问题立下了汗马功劳。但是，十几年过去了，这群鸬鹚慢慢地老了，它们的眼睛花了，腿脚不便利了，不能再像以前那样帮着渔民下海捕鱼了。

但是，渔民还是要打渔呀，为了养家糊口，他特意又从市场上买回来几只小的。训练没有花费太多的力气，一段时间后，小鸬鹚掌握了捕鱼的能力，很快就能下海捕鱼了。

经过几天的努力，渔夫发现捕的鱼的数量越来越多，他满意极了。再看那些老了的鸬鹚，渔民就弃之不顾了，一只只饿得皮包骨头，毛稀稀拉拉地耷拉着，奄奄一息，很是惨淡。

就在渔民得意自己的决定时，他买来的那几只小鸬鹚突然集体罢工，蜷缩在船头，任凭渔民呵斥，它们也不愿下海捕鱼。

渔民很为难，他对小鸬鹚们说："我给你们最好的待遇，将最嫩的鱼给你们吃，将最舒适的窝棚让给你们住，每隔三五天就给你们放两天假，你们为什么要这么对待我呢？"

小鸬鹚们不约而同地朝向老鸬鹚旁边，说："因为我们现在年轻，能够为你捕鱼，我们才能有吃有喝，等我们不能给你捕鱼了，我们的下场还不是像那些老鸬鹚一样？"

一些企业的管理者就像这位渔民一样，当初员工刚毕业时青春年少、丰富力强，所以对员工很好，但时间长了，员工的年龄增大了，薪水也越来越高。但是，当年那一批员工年龄见长，工资见涨的时候，有些管理者就开始打小算盘了，老员工工作效率低，薪水又得给得高，那就不如找一些新人，新人反应快，工作积极，效率高，最重要的是薪水也给得少。

这样的管理者，天天打着小算盘，一定是因为没有大算盘可以打。不善待老员工的管理者不是好的管理者，人世间都遵循了生老病死的循环，没有人可以青春永驻，长生不老。谁都有老的时候，员工将一生都奉献给了公司，最后却遭到了公司的不公平待遇，这是多么悲哀又寒心的一件事。

李嘉诚是商人的榜样，他在创业的时候，有一批和他一起奋斗的员工，等到他功成名就之时，那些员工都一个个地老去了。

虽然很多人建议辞退老员工，但是李嘉诚一直没有辞退，反而像亲人一样对待他们，给予这些共同患难的老员工优厚的待遇，直到老员工们退休之后，也时刻关注他们的生活，给予贴心的慰问，这在长江实业公司是一段佳话。

绩效考核制度是经过严格审查、试运行之后确定的，但有的公司的绩效考核却伤了老功臣的心。有些公司为了督促员工认真工作，除基本工资外，另外拿出了一大部分奖金作为公司的绩效工资，虽然表面上是多劳多得，相对均衡，但实质上已经让一些老功臣寒心了。

还有一些公司，领导经常把“世界上什么都缺，就是不缺人”这句话挂在口头上，老员工心生不满后，他也用这句话来回绝。新员工看到这种情况，“推人及己”地明白：这个公司是只重利不重情的。老员工也明白公司的决策，便陆陆续续地走了。

于是多米诺效应出现了，老员工们一个个都走了，同时带走了很多老客户，而新员工也不能及时到位。年轻员工发现公司“用人朝前，不用人就朝后”，哪里还有什么心情继续工作呢？

中国有句古话：“狡兔死，走狗烹。飞鸟尽，良弓藏。”公司的发展离不开那些你觉得“干不了”的老员工，只靠新生力量，公司的运转往往是不健全的。善待公司的老功臣吧，别让他们为公司活了一辈子，最后却落得受人白眼的境地。

第三节　了解员工真正想要的是什么

国家规定劳动者每日工作时间为 8 个时，但一个人，往往只有一半的时间待在自己家中，或者吃饭或睡觉；另一半的时间都在为工作而努力，或在公司或在去公司的路上，这样的生活会使人觉得更有意义，也更有价值。

人每天就这样忙碌着，为了改善生活、养家糊口而努力，但是人每天这样辛苦的奔波，想要的就只有工资吗？答案当然是否定的。工作努力赚钱是一种大众认知，也是人最初的欲望，但随着时间的变化，一些员工的心理会发生很大的变化，这就是心理学上的马斯洛需求层次理论。工资只是最初的动机和需要的满足，人是一直向着“高峰体验”前进的。

人作为一个有机整体，是具有多种动机和需要的。员工为温饱而努力赚钱，是为了满足最初的“生理需求”和“安全需求”，那只是处于金字塔最底端的需求，也是最容易满足的；但一旦这个需求得到满足，人就会向着“爱需求”和“尊重需求”而努力，员工的工作目的就会变成自我价值的实现，渴望得到别人的肯定，渴望自己变得更优秀，这对企业起到的作用是积极的，处于这个阶段的员工是促进企业发展的中坚力量；第二个阶段迅速发展，人们就会为了自我实现而努力，也就进入了人类需要的最高阶段，员工会将公司放在自己生活的重心，会激发自己的最大潜力推动公司前进，这个阶段的员工都是对公司贡献最大的。

所以，身为管理者，一定要了解员工处于什么阶段，他需要的是什么。初入职的员工以提高工资待遇、资金等让他们的生活得到满足，他们的需求就会走向第二、三阶段。这个过程是员工最兴奋的，也是公司最需要的。管理者可以了解下属的需要，对症下药，激励他们实现自我价值。

除此之外，管理者还要去观察员工的生活，聆听他们的想法，具体了解员工的需要是什么。一个熟知员工需求的管理者更受员工欢迎，一个满足员工需求的公司也能留住更多的人才。

谢尔盖组织了十多个人，租赁了一套居民房，就办起了自己的网站。在拥挤的办公环境中，没有保障的工资待遇下，很多员工萌生了辞职的念头。

当时，互联网刚刚起步，没有任何一个人知道这样的一个小网站会有怎样的发展。谢尔盖清楚地知道，如果想继续将网站支撑下去，就必须留住这十几个人。但一家刚成立的公司又有多少资金来解决员工对薪金、对福利、对奖金的要求呢？

那么，是否能有不用多少资金就可以留住人的方法呢？于是，他走访了几家同类网络公司，发现那些程序员、工程师们在工作时都忙得抬不起头，中午也很少出去吃午餐，只是叫外卖，或者随手拿起一个三明治，匆匆忙忙地吞咽下去。

原来当时的网络公司都是前途未知的状态，都没有条件为员工提供午餐。

谢尔盖突然灵光一闪，他回到自己的公司，高薪招聘了一位优秀的厨师，并将公司的一部分股份转让给厨师。他告诉这位厨师，唯一的要求就是每天中午、晚上一定要为员工们做出口感好、花样多、味道足的工作餐。

厨师名叫艾尔斯，也是一个认真又有想法的男人，他果然如谢尔盖期望的那样，不断翻新菜单，既有美国家常菜式，又有意大利菜、法国菜，有时还有非洲菜和亚洲菜。虽然公司只有十来个人，但每个人天天都可以吃到美味的餐点。

不久后，员工们渐渐稳定了，谢尔盖的“美食攻略”大获成功，虽然有些网络公司的薪水较高，但在比较了工作强度和工作环境之后，员工还是愿意留在谢尔盖的公司。

之后，随着互联网的普遍推广，这家仅有十几个人的公司迅速发展，这个公司就是世界闻名的Google。人们都说，成就Google公司的不是软件工程师，而是那位名叫艾尔斯的普通厨师！

我们都知道，营销成功的诀窍是特色，企业管理也是这样。如果员工去任何一家公司，得到的工资、福利、职位、氛围全都一样，那么他们选择哪一个公司就是一个概率问题，像抽签一样，哪儿都可以。但如果这个公司有自己的特色，又很吸引员工，那员工自然会留下来。

在广阔的人才市场上，企业那么多，给出相同待遇的企业更是不少，只有打出有个人特色的招牌，才能吸引员工。提供一个理由，才能让员工愿意留下。这个理由也许是员工最简单的需要，却最容易被人忽视，甚至连他们自己都会忽视，管理者只有掌握了这个需要，就掌握了收拢人心的钥匙。

美国华盛顿大学坐落在风景优美的华盛顿湖畔，那里既有大大小小的湖泊形成的美景，也有来自美国各地的博学的教授。

华盛顿大学并不是美国最有名的大学，教职工的工资也比同类大学更低，可很多教授就是愿意在这里执教，原因是什么呢？原来就是因为这里优美的风景，他们看中的不是待遇，而是这里美丽和谐的自然环境，以追求视觉的愉悦和精神上的享受。

教授们都喜欢在学校的教职工餐厅就餐，无事的下午也喜欢坐在餐厅的咖啡座上聊天，因为从餐厅的窗户就可以欣赏到窗外的美景，有时候还能看到美丽的雷尼尔雪山。

曾经学校方想要为学生在那里建一座体育场的想法也被否定，因为学校想要建设的体育馆正好挡住了教职工餐厅。

为了一片风景放弃一个体育馆，这并不是一件有说服力的事，但华盛顿大学却愿意做出那样的决定，就是因为校领导的正确决策。

试想一下，你的员工为了什么而为你工作呢？难道只是为了那些工资吗？当然不是，他们凭着学历、经验是可以随时跳槽离开的，他们之所以留下来，可能就是因为这里某一处风景值得留恋；也可能是因为这里的食堂味道更令人怀念；或者公司为他们置办了设备齐全的健身房……总而言之，留下来是因为爱。

每一点儿爱，都是管理者用心准备的。想要做一名成功的管理者，就要学会观察，了解员工所需，为他们创造更好的工作环境，员工也会更卖力地为公司工作，从而形成一个良性循环。这便是人性化的管理方式，老板的亲切笑容，环境的舒适优雅，自我价值实现的良好空间都是留下人才的关键点。

员工需要的不只是工资，人的满足很多时候也不单单是吃饱那么简单。

第四节　让每一个人都有升职的机会

影响企业发展的因素有很多，其中人才流失就是最主要的一个。一名员工从最初毕业进入公司，到成长为公司成熟的工作人员，是需要公司付出很多努力的。一些企业为了培训员工，会下很大力度，为了员工的个人发展，也会投入很大的一笔资金。但是，令管理者头痛的是，员工培训好了，在公司待那么一两年却跳槽了；或者企业为员工创造了很多机会，终于将员工变成了专业人才后，这名专业人才却被别人挖走了。

企业中最重要的资源就是人才，人才是企业向前发展的根本保证。所以，如何才能减少人才流失，成了每一位管理者最为关心的问题。留住人才，除了有良好的工作环境、合理的薪酬待遇外，最重要的是要建立合理的晋升机制，让员工的自我价值得到肯定、升华，自然企业也就不会替他人做嫁衣了。

陈敏毕业于新闻传媒大学，还没毕业就已在电台、报社积累了丰富的采写经验，人们都说她是一个很优秀的女孩儿。

在大学的最后一年，陈敏自信地对室友说：“虽然现在我不确定去哪儿，但在我正式签约报社时，我并不是‘新兵’，可以说是一位老员工。”室友都很羡慕她的才华和阅历。

但是，事事难料，陈敏并没有如预料一样发展。她毕业后先是在报社工作了一段时间，因为不喜欢报社的烦琐工作，想挑战一下自己，所以便满怀信心地跳槽到北京一家广告公司，开始勾勒事业蓝图。

陈敏正式入职后，发现一切并非她想的一样，像她一样“优秀”的员工竟然有很多，虽然她有传媒行业的工作经验，但很多员工也如她一样在大学中就积累了很多经验，甚至还有一些从一线媒体跳槽而来的资深记者。

陈敏陷入了迷茫中，但无论如何都是自己的选择，于是她重拾信心，打算拼一把，她相信自己能够闯出一番事业。

一周后，她大展拳脚的机会来了。经理派她协助项目经理撰写一份某款饮料的广告文案，接下任务后，她当晚就开始加班撰写文案。

本想以这篇文案得到经理的赞赏，却意外地迎来一顿体无完肤的批评，因为她把这份文案洋洋洒洒、天马行空地写成了一篇小说。陈敏挨批后，痛定思痛，马上修改，经过一而再、再而三地修改后，终于达到了文案书写的基本标准。她长长地舒了一口气。

经理在这个过程中对她进行了很多指导，因为经理觉得她是新人，文案做成那样也是值得原谅的。但陈敏却不这样认为，她那极强的自尊心受到了奇耻大辱。

于是，她更加勤奋工作，努力学习，想要尽快在广告业站稳脚跟。一有闲暇，她都会到图书馆大量搜罗广告文案的相关书籍，通宵达旦恶补，反复琢磨研究同事写的文案样本。终于，在她的努力之下，很快摸索出广告的语言感觉，几个月后，她就可以独自撰写文案，并应对一些小客户了。

陈敏对自己的未来是有规划的，为了实现心中的事业蓝图，她的动力也很强。就这样工作了两年，她的确变得很优秀了，也得到了总经理及上级主管领导的认可。但是，令她不解的是，她的蓝图并没有勾画多少，因为她发现自己还是一个小职员，薪水没有涨多少，职位也没有变化。

一次，部门经理跳槽离开了公司，她比较了一下同部门的员工，论业绩来说第一个该提拔的一定是她，而且同部门的人也都认为应该是陈敏升职。但很快陈敏的希望落空了，上级主管领导“空降”了一名部门经理，听说是外聘来的。

这让她心灰意冷，开始变得怠慢懒惰，工作业绩一落千丈。

因为部门业绩不佳，这名外聘的经理没多久就被辞退了，主管领导又高薪外聘了一位经理。

这位新聘的经理与众不同，她上班后不是查业绩、看客户，而是一一了解自己的下属，当然也包括陈敏。她发现陈敏学习能力很强，工作能力也很强，但是最近有些消极怠工。经过细致地了解，新经理终于了解了陈敏消极的原因。

于是，她把陈敏叫到办公室，说：“我刚到公司不久，对公司了解了一番之后发现咱们公司之前的晋升机制有些缺陷，所以打算向领导提出一些建议。听说你很优秀，你能帮我想一想解决文案吗？”

陈敏以为新经理找她是由于她的消极，没想到经理竟然说这些话，她惊讶地不知道该说些什么。

新经理又说：“我的用人原则是‘用人唯贤’，任何一个有能力、肯学习、能吃苦、够认真的好员工，都能从我这里得到晋升的机会。你要记住，你只要肯给自己‘升值’，那就意味着离‘升职’不远了。”

新经理的话让陈敏感触颇深，也让她心头火热。她也突然意识到前段时间过得太荒唐，简直就是浪费青春。于是，她振作起来，像以前一样饱含热情地工作。

只要一有机会，她就自告奋勇参加全国各大展会，与企业领导们近距离交流，感受这些成功者的经营管理理念。同时，她还积极参加各类企划培训，让自己的视野开阔起来。在工作上，她变被动为主动，定期向客户提供宣传新思路、新创意。在她的努力下，她很快赢得了客户的广泛认可，甚至一些客户点名让她执笔策划。

新经理也如自己所说，向公司上级提出了公司存在的问题，并建全了晋升机制。很快，陈敏升职为组长；一段时间后，她又成功升职为部门主管。陈敏发现，自己的蓝图一点点地实现了。

身为管理者，管理制度必须建全，晋升制度也要同样建全。陈敏的消极是因为她觉得前途无望，无论自己有多优秀，还是一个小职员，这对员工来说是最残酷的事情。所以，新经理对症下药，向上级提出建议，建议建全公司的晋升制度，让每一个员工都有希望，有了希望才会有动力。

一个建全的晋升制度就好像使员工有了明确的目标。试想一下，为什么游戏会令人着迷，是因为里面有多级的冲突模式，每升一级就会获取一次成就感，有一次自我实现，所以人们才会陶醉于其中。

因此，作为管理者，一定要让公司的晋升制度完善起来，这样既可以避免人才不必要的流失，又可以促进企业的发展。当然，晋升制度的制定还要注意以下几点：

第一，晋升制度必须公平。因为每一个员工所处的位置不同，所以晋升制度往往很难面向每一个人、每一个层次，做到绝对的公平。但即便如此，管理者还是应该尽量做到公平，至少应做到不偏颇，不自私，让每一个员工都能看到自己晋升的机会。

第二，晋升制度辅助团队精神。在制定晋升制度时，一定要注意，对一些乐于助人、在工作中能够帮助他人提高技术水平的人应该给予更多的晋升机会。因为企业的发展靠得不是一枝独秀，而是需要整个团队的力量。

第三，晋升与资源共享。要想让士兵尽快成长为将军，就要给士兵提供更多的资源和机会。所以，晋升制度不应只与薪酬挂勾，还要与培训机会、共享资源等挂勾，这会使一些员工的奋斗意识更强，也能为现代严酷的竞争做好充分的准备，提供更充足的弹药。

合理的晋升机制，就像为员工提供了登云梯，每一位员工都会为了目标努力。在一个升职机会无限的团队中工作，他们会发挥出最大潜力，发挥出更大的自身能量，为企业创造更多的价值。

第五节　建立共同愿景，引发心灵共颤

之所以龙卷风的力量强大，是因为它有向心力的作用；洗衣机将衣服洗干净同样也是运用了向心力，这个向心力就

是为着同一个目标共同奋斗的凝聚力。一个有着强大凝聚力的企业会在竞争激烈的社会中站得更稳，如何才能让企业形成强大的凝聚力呢？

著名经济学家毛仲强曾说过：“现代企业管理的重大责任，就在于谋求企业目标与个人目标两者的一致，两者越一致，管理效果就越好。”也就是说，如果企业能将员工目标与企业目标靠拢，保持一致，确立“共同目标”，那企业一定会稳步发展，打败竞争者。

企业的经营策略、产品技术、薪酬体系甚至商品的摆放等所有细节，其实都是企业的灵魂。管理者如果在这些问题上能与员工保持一致，对企业的发展有一个共同愿望，就可以确定“共同目标”。而当这种共同愿望成为企业全体成员一种执着的追求和一种强烈的信念时，它就成为企业凝聚力、动力和创造力的源泉。

我们见过很多企业起死回生的故事，改变企业命运的关键性因素就是——目标统一。企业面临破产，管理者发不出工资，员工们走留不定，此时，如果管理者与员工一起孤注一掷，企业就会有走出绝境的可能。这便是“共同目标”起到了作用，在这种情况下，如果员工选择走，几个月的工资就没有了；选择留，则企业前途未明。管理者也处于这种矛盾的境地，所以这时大家的共同目标就是让企业渡过难关，因此大家也会更加努力。

这便是“共同目标”的威力。自 20 世纪 80 年代初起，企业“共同目标”就成为企业文化的重要组成部分，有些企业还将“共同目标”用简练概括的语句表述出来，冠以“企业哲学”“企业精神”的名目，并力求在员工中达成共识。

例如，沃尔特·迪斯尼公司提倡“让人们快乐”，3M 公司号召员工“创造性地解决那些悬而未决的问题”，惠普公司的豪言壮语是“为人类的幸福和发展做出技术贡献”，针对女性客户的玫琳凯化妆品公司则以“给女性无限的机会”作为企业目标。

实践证明，这种明确化了的价值观念，在凝聚力量、统一思想和行动方面都起到了重要作用。“三个和尚没水吃”的故事就是一个典型的因为没有共同目标而失败的例子。一个人的目标永远是一致的，两个人也可以商议，但人多了想法也就多了，如果这时目标不明确，就会走向“没水吃”的结果。就像十个大力士去推一辆货车，他们不是朝着一个方向使劲，而是你朝东，我向西，最终的结果可想而知。

一个优秀的团队，一定有着超凡的向心力。小船们从海港出发，向着各个方向去办自己的事情；但如果想要回到海港，就一定要看灯塔的方向，朝着灯塔航行。管理者可以鼓励员工“八仙过海，各显其能”，但必须要为共同的目标做事。

所以，管理者在鼓励企业成员为企业打拼之前，一定要让员工的目标和企业的目标相一致，这样才能促使企业向更好的方向发展。

首先，要让员工和企业的经济利益目标一致。这是很好理解的，管理者也要明确告知，企业的经济效益好，员工获得的经济利益也就高，企业最大的经济效益与员工最大的经济利益是相辅相成，相互依存的。

其次，管理者应用这个目标来激励员工，最简单的方式就是绩效类工资、奖金等。例如，联想、方正、同方等公司就曾经通过媒体宣称，他们要在多少年之内造就多少百万富翁。这是很吸引员工的，谁不想以一己之力为公司创造财富，再从公司的大效益中得到个人利益呢！

再次，要让员工明白“共同目标”这一理念。管理者要在企业中明确“共同目标”这一理念，这就好比告诉员工：“我们是一条绳上的蚂蚱。”让员工深刻认识到自己与企业的联系原来如此紧密，一荣俱荣、一损俱损。

这样，员工也有存在感，他们知道了自己在企业中的定位，也明确了自己的责任，就会充满斗志。就像学生时代为了班级荣誉而与其他班发生冲突一样，即使老师批评，也会觉得自己做的是正确的，这是责任感促使的。

“大荣誓词”是日本大荣公司总裁中内功创立的，这就是大荣公司的共同目标。

在大荣公司工作的每个员工都要求熟记这一誓词——第一，通过我的工作，为顾客提供高质量的生活服务；第二，真实诚恳，为不断提供物美价廉的商品而劳动；第三，热爱顾客，热爱商店，努力不已。

中内功用这一誓词统一了员工的思想和行为规范，也正是这一誓词使大荣公司在市场竞争中树立了良好的形象。除此之外，大荣公司旗下所有的店都有统一标识，办公用品规格化，员工服饰标志分明。

这使每一名在大荣公司工作的人充满了荣誉感，大家认识到自己是在一个优秀的团队、企业中工作，并且愿意为企业目标奉献最大的力量。

日本很多公司都像大荣公司一样，很值得我们借鉴。对于管理者来说，能把企业的目标以通俗易懂、简洁明了的方式和盘托出，清清楚楚地传达给团队成员，是至关重要的。

最后，一定要以员工个人目标为基础。一个企业发展的基础其实就是员工，即使管理者再努力，团队员工不给力也是枉然。所以，管理者在制定企业目标时，一定要以员工的个人目标为基础，然后升华。不要空空地确立一个“不接地气”的口号，或者只为企业利益着想的标语，一定要让员工充分认识到企业时刻想着自己，企业也时刻为实现自己的目标而发展，这样才能激发出员工工作的积极性，充分发挥其创造力。

总而言之，企业要有自己的发展方向，并与员工一齐向着共同目标前进。小蚂蚁之所以能撼动比它大无数倍的东西，就是因为它们的共同目标一致，在达成共识之后的努力力量会更大。同样，企业与员工在相互认同的情况下，企业也会越来越强大。